어린이를 위한
비폭력 대화

내 마음을 내가 봅니다

김미경 지음

우리학교

● 일러두기
- 이 책은 마셜 B. 로젠버그의 비폭력 대화를 어린이의 눈높이에 맞게 설명한 책입니다.
- '해피톡(happytalk)'은 비폭력 대화와 모험 상담을 엮어 낸 활동입니다. 학급에서뿐 아니라 비폭력 대화를 배우고자 하는 어린이들이 모인 곳이면 어디서나 활용 가능합니다.

{ 활동 원칙 }

1) 존중

참가자들은 서로를 존중하겠다고 약속합니다. 어느 누구도 원하지 않는 것을 억지로 하거나 혹은 그렇게 하도록 강요받지 않습니다. 말하기 애매할 때는 '통과'라고 말할 수 있습니다. 참가를 원하지 않는 어린이는 진행자를 돕다가 스스로 원할 때 참가할 수 있습니다. 활동에 정답은 없습니다. 어린이들은 어떤 것이라도 자유롭게 표현할 수 있고 그것을 존중받습니다. 서로를 존중하기 위해 활동 규칙을 함께 만들고 실천해 나갑니다.

2) 믿음

활동을 진행하다 보면 친구들이 자신을 지지해 준다는 사실만으로 새로운 도전을 시도하는 어린이들을 봅니다. 믿음은 무언가를 새롭게 시도하는 바탕이 되지요. 진행자는 편안하고 안전하고 수용적인 분위기를 만들어 주세요. 자신이 가지고 있는 편견, 고정관념을 바라보고 어느 누구도 활동을 하면서 마음을 다치는 일이 없도록 합니다. 활동 중에 있었던 말이나 행동을 바깥으로 옮기지 않도록 합니다.

3) 협동

어린이들이 서로 바라보고 듣는 것이 중요합니다. 둥그렇게 모여 앉아 활동하고 발표하고 결과물을 전시함으로써 서로에게 많은 것을 배울 수 있습니다. 어떤 활동이든 도움을 청하는 어린이가 있으면 누구든 도와줍니다. 활동을 통해 나와 친구를 이해하게 된 어린이들은 상기된 표정으로 말합니다. "활동하는 것이 처음에는 부담스러웠는데 친구들이 도와줘서 활동이 즐거워졌어요." "친구를 이해할 수 있게 됐어요." "모두가 하나 되는 느낌을 받았어요." 어린이들이 협동을 입이 아닌 몸으로 체험할 수 있게 해 주세요.

4) 재미

활동을 놀이처럼! 어린이들이 활동에서 재미를 느끼도록 이끌어 주면 두려움이나 걱정, 근심 등을 접어 둘 수 있게 됩니다. 아울러 새로운 일을 할 수 있는 힘을 얻게 되지요. 재미는 어린이들의 능동적인 참여를 유도합니다. 긴장을 풀어 주는 것이 바로 재미입니다. 진행자의 유머, 너그러움이 유쾌한 분위기를 만듭니다. 재미는 함께하고 있다는 느낌을 불러일으킵니다. "태어나서 처음 이렇게 웃어요. 머릿속이 맑아지는 느낌이에요. 어린 시절로 돌아가는 느낌이에요." 하는 이야기를 종종 듣게 됩니다. 참여자들이 모두 즐거운 마음으로 활동할 수 있도록 해 주세요.

더 편안하게 말하고 들을 수 있는 마법 같은 대화, 비폭력 대화의 세계로 초대합니다

여러분이 이 책을 읽으면서 무엇을 느낄지, 어떤 것을 알게 될지, 또 무엇을 실천해 보고 싶을지 무척 궁금해요. 비폭력 대화는 내 마음의 소리를 듣는 한 방법이랍니다. 저와 함께 그 세계를 향해 한 발 한 발 내딛어 볼래요?

제가 안내할 새로운 세계는 몸과 마음의 세계입니다. '건강이 최고다.', '마음먹기에 달렸다.'라는 말을 들어 본 적이 있나요? 살아가는 데 필요한 것들이 많지만 몸과 마음을 돌보는 것이 무엇보다 먼저이기에 나온 말들이에요. 몸과 마음을 주의 깊게 돌보다 보면 나와의 대화가 시작되고 자연스럽게 주변 사람, 사물들과도 연결되지요.

　비폭력 대화는 말을 할 때도 들을 때도 '관찰', '느낌', '필요', '부탁'에 초점을 맞추는 것입니다. '관찰'은 사실과 내 생각을 구별하는 거예요. 있는 그대로 보고, 들은 그대로 말하기를 연습하다 보면 서로를 멀어지게 했던 색안경을 하나하나 벗게 되지요. '느낌'은 몸에서 일어나고 있는 현상에 이름을 붙여 주는 거예요. 느낌을 알아차리고 그것에 이름을 붙여 주다 보면 공감 능력과 감정 조절 능력을 키울 수 있어요.

　'필요'는 느낌이 말해 주는 신호를 읽는 것입니다. 내가 무엇을 필요로 하고 있는지 그것을 찾는 것이지요. 원하는 것이 무엇인지 잘 살펴보면 겉으로 드러난 것과 마음속 깊은 곳에 있는 것이 다를 때가 많아요. 이렇게 마음을 들여다보는 데는 훈련이 필요해요. 그래서 순간순간 나에게 물어보는 것이 중요합니다. '지금 나에게 필요한 것은 무엇일까?' 하고요. 내가 원하는 것이 무엇인지 찾을 수 있을 때 나는 내 삶의 주인공이 될 수 있어요.

원하는 것을 스스로 해결할 수도 있지만 다른 사람의 도움이 필요할 때가 있지요? 그럴 때 어떻게 도움을 청하는지, 또 거절을 당했을 때 상대방에게 공감할 수 있는 방법을 배우는 것이 '부탁'이에요. 이것들을 하나하나 익히다 보면 더 편안하게 말하고 듣는 자신을 발견하게 될 거예요. 비폭력 대화를 통해 나와 이 세상 모든 것이 연결되어 있다는 것을 깨우칠 수 있거든요.

이런 방법들을 익히는 것이 처음에는 외국어를 배우는 것처럼 어색하고 어려울 수도 있어요. 하지만 어린이들이 누구보다 빨리, 잘 배우는 것을 자주 보았답니다. 조금씩 천천히, 꾸준히 하다 보면 어느 날 마음에서 우러나는 소리를 듣게 될 거예요. 그 소리를 나침반으로 삼아 여러분 앞에 놓인 여러 갈래 길을 씩씩하게 걸어가기를 바랍니다.

집에서, 학교에서, 세상 어디에서든 여러분이 자기 목소리를 낼 수 있기를 바랍니다. 부드럽게 그러나 또렷하게 자기 말을 할 수 있기를 바랍니다. 그러려면 다른 사람의 목소리에 귀를 기울일 수 있어야겠지요. 마음의 소리를 말하고 그것을 들어 주는 어린이들이 늘어 가기를 기대해 봅니다. 고맙습니다.

2015년 가을
김미경

차례

1. 나를 들여다봐요 13
2. 상처 주는 말을 알아차려요 27
3. '나'로 말을 시작해요 43
4. 보고 들은 대로 말해요 57
5. 느낌을 말해요 71

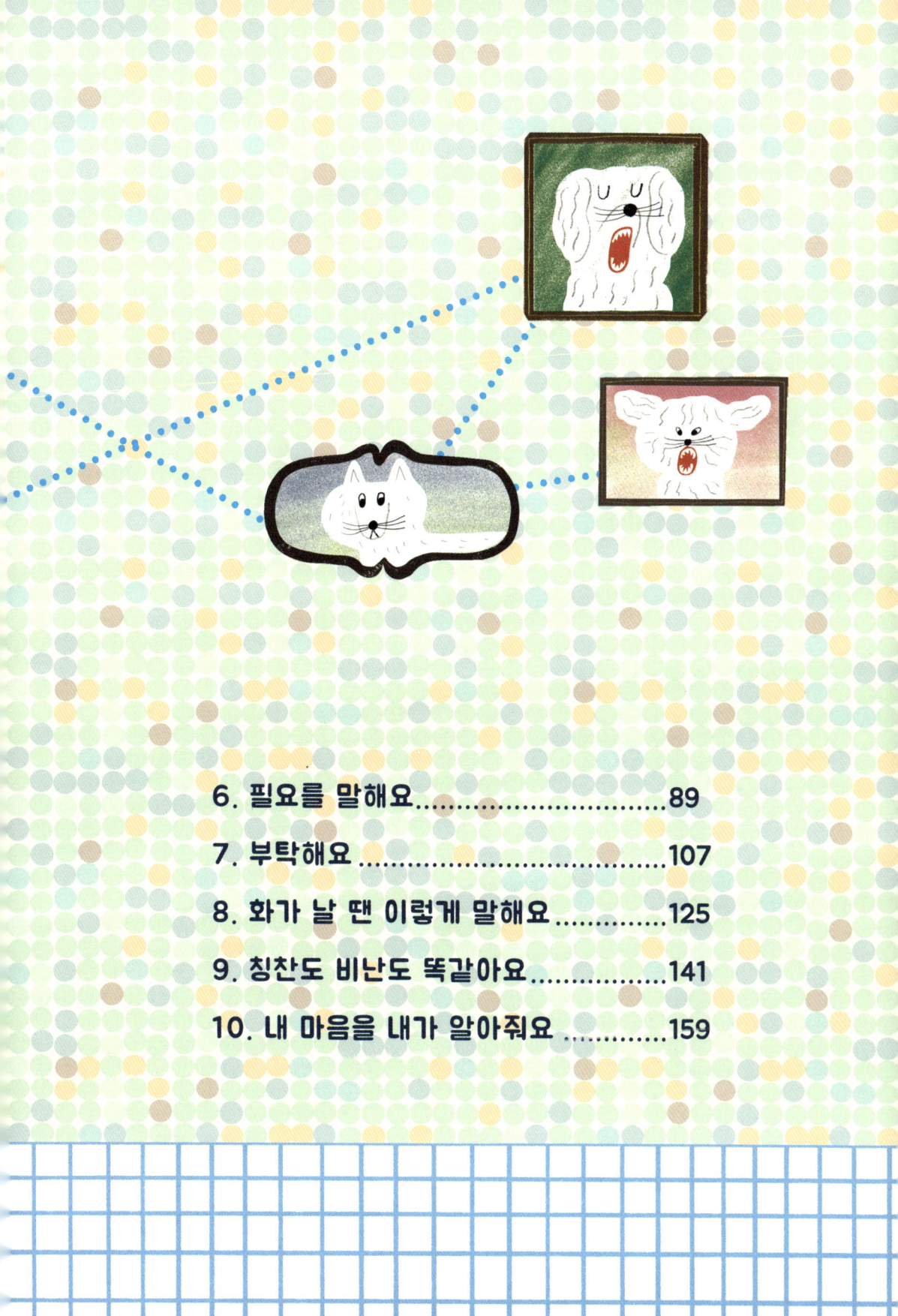

6. 필요를 말해요............................89
7. 부탁해요..................................107
8. 화가 날 땐 이렇게 말해요.............125
9. 칭찬도 비난도 똑같아요................141
10. 내 마음을 내가 알아줘요............159

1

나를 들여다봐요

{ 민우의 일기 }

"김민우, 한 번만 더 걸리면 벌점이야."
머피의 법칙이라는 게 있다고 하던데 내겐 오늘이 딱 그런 날이다. 수업 시간에 진수가 학교 끝난 뒤에 함께 어디 좀 가자고 해서 "알았어."라고 대답한 것뿐인데, 그걸 본 선생님께서 나한테만 경고를 하셨다. "친구가 말 걸어서 대답만 한 건데요."라고 말했지만 선생님은 들은 척도 안 했다. 내가 잘못한 일로 혼나는 건 괜찮지만 그렇지도 않은 일로 나만

혼난다고 생각하니 속에서 열이 났다. 그래서 진수랑 놀기로 했던 것도 취소하고 그냥 집으로 왔다.

집에 오니 이번에는 동생 민지가 미술 숙제로 만든 내 자동차 모형을 가지고 장난을 치고 있었다. 나는 "야! 너 그거 당장 내려놔!"라고 소리치며 자동차를 확 빼앗았다. 빼앗으면서 팔을 툭 쳤는데 민지가 울기 시작했다. '울고 싶은 사람은 난데 지가 왜?' 하는 마음이 들었는데 엄마가 오더니 내 말은 들어 볼 생각도 안 하고 야단부터 쳤다.

"너 또 동생한테 뭐라고 했니? 왜 동생을 울리고 그래?"

"안 그랬거든! 엄만 왜 내 말은 들어 보지도 않고 나한테만 뭐라고 그래?"

엄마가 다짜고짜 동생 편을 드니까 나도 모르게 엄마한테 소리를 지르고 말았다. 그랬더니 엄마는 더 심하게 나를 야단쳤다.

"아니, 지금 어디서 큰소리야! 멀쩡했던 애가 왜 울겠어? 네가 울린 게 아니라면 누가 그랬겠어?"

나는 속이 부글부글 끓다 못해 뒤집어질 것 같았다. 그래서 "아니라고! 엄만 왜 내 말을 안 믿어! 나 엄마 아들 맞아?"라고 엄마에게

화를 내고 집을 뛰쳐나왔다. 홧김에 문을 박차고 나오긴 했지만 갈 곳이 없었다. 학교에 갔더니 운동장에서 진수가 자전거를 타고 있었다. 아까 약속을 취소해서 미안했는데 진수가 나한테 먼저 다가와서 말을 건넸다.

"민우야, 우리 한강에 자전거 타러 갈래?"

그렇게 말을 건네 준 진수가 얼마나 고마운지! 얼른 진수 자전거 뒤에 올라타고 같이 한강으로 나갔다. 시원한 강바람을 맞으며 자전거를 타다 보니 체한 것처럼 답답했던 마음이 서서히 풀려 갔다. 꼬였던 마음이 풀리자 엄마에게 소리를 지른 게 후회가 되었다. 그냥 차분하게 말했으면 될 텐데 왜 그랬는지 내 마음을 잘 모르겠다. 화가 나면 내 속에서 꼭 나 아닌 다른 사람이 튀어나오는 것 같다.

비폭력 대화 한 걸음

"내 마음을 들여다봐요"

여러분도 민우처럼 학교에서나 집에서 유난히 힘든 날이 있을 거예요. 힘든 일이 생기면 누군가에게 그 감정을 쏟아붓기 쉽지요. 생각할수록 속이 상해서 공부도 잘 안 되고, 평소라면 그냥 넘겼을 만한 일에 짜증이 나기도 하고요. 그런가 하면 말도 못한 채 속앓이를 할 수도 있을 거예요.

이렇게 속상한 일이 있을 때는 화를 버럭 내는 것도 꾹 참기만 하는 것도 손해입니다. 왜냐하면 몸이 상하거나 마음이 상하기 때문이에요. 그러면 어떻게 하냐고요? 방법을 하나 일러 줄게요. 화가 나거나 불안하거나 슬플 때, 마음이 힘들 때는 상대방이나 그 일에 쓰던 관심을 몸으로 돌려 내 몸 어디에서 어떤 일이 일어나는지를 살펴보는 거예요. 머리끝에서 발끝까지 차근차근 몸을 살피다 보면 가슴이 답답하거나, 배가 아프거나, 열이 나거나 하는 것을 알 수 있어요.

이렇게 몸을 보고 다음에는 마음을 봅니다. 마음을 보려면 마음과 나 사이에 거리가 필요해요. 우리가 무언가를 보려고 할 때 눈에 바짝 가까이 대고 보면 초점이 맞지 않아 흐릿하게 보입니다. 적당히 거리를 두고 보아야 제대로 보이지요.

마음과 나 사이에 거리를 만드는 것도 마찬가지예요. 어떤 마음이 생길 때 곧바로 말하거나 행동하지 않고, 그 마음을 잘 살펴본 뒤에 말이나 행동을 하는 것이 마음과 나 사이에 거리를 만드는 방법이랍니다.

예를 들어 게임을 하다가 엄마가 "게임 그만하고 공부해."라고 말씀하시면, 그 순간 내 몸 어디에서 어떤 움직임이 있는지 찾아봅니다. 그리고 머릿속에서는 어떤 생각이 일어나고 있는지 들여다보고요. 어떤 생각이든 그냥 그대로 바라보세요.

우리가 자연을 볼 때를 생각해 볼까요? 눈앞에 펼쳐진 풍경을 보며 '저 파란 꽃이 빨갛게 됐으면 좋겠어. 저 노란 나비가 파랗게 됐으면 좋겠어.' 하고 생각하지 않고 푸른 것은 푸른 대로 붉은 것은 붉은 대로 바라봅니다. 나 자신을 바라볼 때도 마찬가지예요. 내 몸에서 일어나는 움직임과 내 마음에서 일어나는 생각을 있는 그대로 보는 것이지요.

'내가 이랬으면 좋겠다.' 하며 보는 게 아니라 꽃이나 나무를 볼 때처럼 몸과 마음에서 일어난 일들을 그대로 보는 것이 내 몸과 마음을 편안하게 하는 훈련이에요. 내 몸이, 내 마음이 말하는 소리에 귀를 기울이는 것이야말로 나와 소통하는 일이랍니다.

이렇게 하다 보면 어떤 상황에서 내가 왜 이런 말이나 행동을 하고 있는지를 알게 됩니다. 그것을 알게 되면 '나'를 이해하게 되고, 나에게 좀 더 친절해질 수 있지요. 나에게 친절하다는 것은 나를 보는 눈이 편안해지는 거예요. 나를 보는 눈이 편안해지면 다른 사람을 보는 눈도 순해져요.

　처음에는 힘들겠지만, 몸이나 마음을 들여다보는 연습을 계속하다 보면 말과 행동으로 옮기기 전에 몸과 마음에서 일어나는 느낌을 알아차릴 수 있게 될 거예요. 그러면 신기하게도 후회하게 될 말이나 행동이 조금씩 줄어든답니다. 나에게 하듯이 다른 사람의 몸이 어떤지, 마음이 어떤지에 대해 관심을 갖게 되니까요. 민우가 선생님께 지적을 받았을 때 속상한 자신의 마음을 들여다보았다면 그 후 일들이 어떻게 진행됐을까요?

나랑 친해지기 = 나를 사랑하기

　▶ 있는 그대로 보기 → 몸 어디에서 어떤 움직임이 있나
　　　　　　　　　　　어떤 생각을 하고 있나
　　　　　　　　　　　'~해야 해.', '~해서는 안 돼.'라는
　　　　　　　　　　　생각도 그대로 바라보기

▶ 1. 몸 돌보기

① 몸을 돌보기 위해 평소에 하고 있는 것들을 적어 보세요.

② 각자 적은 내용을 모둠 친구들과 돌려 봅시다. 활동하면서 느낀 것, 알게 된 것, 배운 것을 나눠 봅니다.

▶ 2. 마음 돌보기

① 집에서, 학교에서 언제 즐겁고 언제 힘이 드는지 다음 표에 적어 보세요.

	즐겁고 기쁠 때	힘들거나 괴로울 때
집에서		
학교에서		

② 어떻게 하면 편하고 즐겁게 지낼 수 있을지 방법을 적어 봅니다.

집에서	학교에서
예) 가족들에게 '내 방에 들어오기 전에 문을 두드려 신호를 해 주세요.'라고 부탁한다.	예) 몸이 힘들 때 보건실, 마음이 힘들 때 상담실을 찾는다.

③ 각자 적은 것을 모둠 친구들과 돌려 보며 이야기를 나눕시다. 활동하면서 느낀 것, 알게 된 것, 배운 것을 나눠 봅니다.

▶ 3. 몸 살펴보기

① 편하게 앉거나 눕습니다.
② 손을 배에 가볍게 가져다 댑니다. 숨을 들이마시면 배가 불룩해졌다가 내쉬면 들어가는 것을 느껴 봅니다.
③ 진행자가 정수리, 귀, 머리 뒤쪽 등 몸의 부위를 말하면 그곳에 주의를 기울입니다.
④ 이마, 눈, 뺨, 코, 입술, 잇몸, 혀, 목구멍 안, 어깨, 등 윗부분, 허리, 가슴, 배, 무릎, 발가락으로 주의를 옮깁니다.
⑤ 몸 어디에선가 무언가가 느껴지면 가만히 그곳에 머뭅니다.
⑥ 두근거린다, 따뜻하다, 차갑다, 뻐근하다, 답답하다, 아프다 등 몸에서 느껴지는 느낌에 이름을 붙여 봅니다.

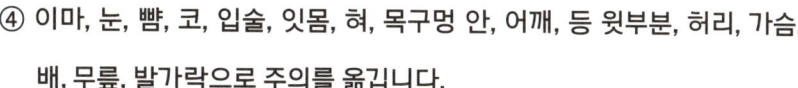

▶ 4. 흔들흔들 흔들어 봅시다

① 둥근 원을 만든 뒤 좁게 붙어 서서 양 옆에 서 있는 사람들의 허리를 껴안습니다.
② 서로의 허리를 잡고 오른쪽, 왼쪽으로 몸을 흔들어 봅니다. 천천히 흔들다가 서서히 빠른 속도로, 그러다가 다시 천천히 흔들면서 활동을 마칩니다.
③ 활동을 마칠 때에는 서로에게 박수를 보냅니다.

2
상처 주는 말을 알아차려요

{민지의 일기}

 미술 시간에 먹물 그림을 그렸다. 그런데 수업이 끝나고 뒷정리를 하다가 채헌이가 내 옷에 먹물을 쏟았다.
 "앗, 미안해! 어떡하지?"
 채헌이가 어쩔 줄 몰라 하며 사과를 했지만 나는 너무 속이 상해서 괜찮다는 말을 할 수가 없었다. 이게 어떤 옷인데…….
 아침부터 기분이 우울했는데 엉망이 되어 버린 옷을 보니 나도 모르게 갑자기 울음이 터져 나왔다.
 "흑흑흑!"

　그치려고 했지만 한번 울음이 터지자 고장 난 수도꼭지처럼 자꾸만 눈물이 흘러내렸다. 나는 책상 위에 고개를 묻고 흐느꼈다. 그런데 여기저기에서 나를 두고 수군거리는 소리가 들려 왔다.
　"쟤 좀 황당하지 않냐? 채현이가 일부러 그런 것도 아닌데 왜 저렇게 계속 울고 난리야. 난 저렇게 징징거리는 애는 딱 질색이야."
　"쟤는 툭하면 울더라. 정말 황당해."
　잘 알지도 못하면서 떠드는 아이들이 너무 싫어서 나는 계속 울고 또 울었다.
　그 애들은 모른다. 이 옷은 외할머니가 우리 집에서 함께

살 때 손뜨개로 떠 준 옷이다. 할머니는 뜨개질 솜씨가 뛰어나다. 그래서 내가 가진 옷이나 모자 중에는 할머니가 만들어 준 것들이 많다. 애들이 가끔씩 "너 오늘 입고 온 옷 진짜 예쁘다." 하고 말해 줄 때가 있는데, 그런 건 대부분 할머니가 만들어 준 옷이다. 그중에서도 이 옷은 할머니가 시골로 내려가면서 마지막으로 주고 가신 거라 내가 더 아끼는 거다.

어젯밤에 잘 준비를 하려고 이를 닦고 화장실에서 나오는데 거실에 있던 엄마 핸드폰으로 전화가 왔다. 엄마가 "이 밤에 웬일이지?" 하고 전화를 받았는데, 갑자기 얼굴이 하얗게 질렸다. 뭔지 모르지만 나도 불안해져서 엄마 옆에 앉아 있었는데, 알고 보니 할머니가 쓰러지셨다는 거다. 외삼촌은 할머니가 바로 수술을 받으셔야 한다고 했다.

할머니가 돌아가실 수도 있다고 생각하니까 눈물이 나왔다. 나는 할머니 걱정에 잠을 설쳤다. 엄마는 계속 울다가 아침 일찍 시골로 내려가셨다.

그런데 하필 이 옷에 먹물이 튀다니……. 채헌이도, 아무것도 모르면서 나를 욕하던 아이들도 모두 밉다.

비폭력 대화 두 걸음

"상처 주는 말을 알아차려요"

친구들은 무심결에 한 말이지만 그 말이 민지에게는 상처가 되었네요. 민지의 속사정을 전혀 모르고 하는 말이었기 때문이에요. 여러분도 어떤 말을 들을 때 '욱' 하게 되거나 기운이 쭉 빠질 때가 있지요? 이렇게 우리는 다른 사람이 무심코 던지는 말에 마음이 상할 때가 있습니다. 그런데 곰곰이 생각해 보면, 여러분도 무심코 다른 사람의 마음을 상하게 하는 말을 한 적이 있을 거예요.

우리는 자신도 모르는 사이에 이런 말들에 익숙해져 있지만 이런 말은 하는 사람의 마음도, 듣는 사람의 마음도 아프게 합니다. 그래서 알게 모르게 조금씩 사이가 멀어지지요. 서로 따뜻한 마음으로 만나려면 그런 표현들을 다른 말로 바꾸려는 노력이 필요합니다. 그럼 어떤 말들이 상처를 주는 말인지 알아볼까요?

1. 내 잣대로 평가하는 말

상대방의 말이나 행동이 내 생각이나 가치관에 어긋나면 그것에 대해 '틀렸다.', '나쁘다.', '옳지 못하다.' 하고 판단하는 말이에요. 이런 말을 들으면 이해받지 못한다는 생각이 들어 화가 나거나 우울해져요. 우리가 하는 많은 말이 여기에 속해요.

예) "쟤는 툭하면 울더라.", "쟤 좀 황당하지 않냐?", "난 저렇게 징징거리는 애는 딱 질색이야."

2. 비교하는 말

어떤 기준을 두고 나음과 못함을 가리는 말이에요. 긍정적이든 부정적이든, 비교를 당하면 사람들은 서로 경쟁하게 되어 불안해져요. 그러면 자신이나 다른 사람을 배려하기 힘들어집니다.

예) "넌 왜 ○○보다 못하니?", "엄마 친구 아들은~", "누나(동생)를 봐라."

3. 강요하는 말

다른 사람에게 내 뜻대로 따라 주기를 요구하는 말이에요. 이런 말에는 들어주지 않으면 비난이나 벌을 받을 것이라는 뜻이 숨어 있습니다. 듣는 사람은 선택을 존중받지 못해 화가 나거나 우울해지겠지요?

예) "시키는 대로 해.", "약속했잖아.", "울지 마.", "빨리 해.", "공부해라."

4. 상벌을 당연시 하는 말

어떤 행동은 상을 받아야 하고, 어떤 행동은 벌을 받는 게 당연하다는 생각에서 나오는 말이에요. 이렇게 상과 벌에 의해서 행동하면 자율성과 책임감을 갖지 못하게 됩니다.

예) "~을 했으니 상 받을 만하다.", "벌받아 마땅해.", "맞아도 싸다."

5. 책임을 지지 않는 말

'남들이 그러니까', '~가 하라고 해서 했다.' 등과 같이 자신이 하는 말이나 행동에 대해 책임을 인정하지 않는 말이에요. 이런 말을 하는 사람은 '남이 나를 어떻게 볼까?' 하는 생각에서 다른 사람이 하는 대로 말하고 행동합니다. 그러다 보면 스스로 무언가를 결정하고 그 결과에 책임지는 즐거움도, 보람도 느낄 수 없게 되겠지요.

예) "친구들이 그렇게 해서~", "선생님이 시켜서~", "규칙이니까~"

관계를 멀어지게 하는 다섯 가지 유형의 말들은 주의를 기울이지 않으면 금세 입에서 튀어나옵니다. 평소에 내가 어떤 말을 자주 하고 있나 귀를 기울여 보세요. 그리고 말을 하거나 들을 때 불편해진다면 '왜 그럴까?' 하고 그 이유를 한번 곰곰이 따져 보세요.

▶ 1. 사오정 놀이

① 둘씩 짝을 지어 A가 어제 있었던 일을 3분 동안 말합니다. B는 귀를 기울여 이야기를 들어 줍니다. 역할을 바꿔 이번에는 B가 말하고 A가 귀 기울여 들어 줍니다.

② 이번에는 A가 오늘 있었던 일을 3분 동안 말합니다. B는 A의 말에 귀 기울이지 않고 딴짓을 합니다. 역할을 바꿔 이번에는 B가 말하고 A가 딴짓을 합니다.

③ ①번과 ②번처럼 말하고 들었을 때 각각 어떤 느낌이었는지 나누어 봅니다.

▶ 2. 이런 말로 듣고 싶어요

① A4 용지를 두 번 접어 네 칸으로 만듭니다. 첫 번째 칸에 듣기 싫었던 말을 적은 뒤 종이를 들고 돌아다니며 친구를 만납니다. 친구에게 내가 적은 말을 실감 나게 들려줍니다.

② 친구에게 그 말을 들었을 때 어떤 느낌이 들었는지 물어보고, 둘째 칸에 친구의 느낌을 적습니다.

③ 셋째 칸에 친구에게 그 느낌을 크레파스, 색연필, 사인펜 등을 이용해 색깔이나 모양으로 표현해 달라고 부탁합니다.

④ 친구에게 듣기 싫었던 말 대신 어떤 말로 표현해 주었으면 좋겠는지 물어보고, 넷째 칸에 친구의 대답을 적습니다. 다음에는 친구가 하는 말을 듣고 내가 답을 합니다.

⑤ 두 명의 친구를 더 만나 ①에서 ④까지의 활동을 해 봅니다.

⑥ 활동한 종이를 칠판이나 벽에 붙여 놓고 느낀 것, 알게 된 것, 배운 것을 다 함께 나눠 봅니다.

① 듣기 싫었던 말은?	② 그 말을 들었을 때의 느낌은?
예) 이게 청소한 거라고?	예) 놀람, 서운함, 억울함, 화남, 슬픔

③ 그 말을 들었을 때의 느낌을 색깔이나 모양으로 표현하면?

예)

④ 듣기 싫었던 말을 듣기 편한 말로 바꾸면?

예) 쓰레기통 비우고 대걸레는 제 자리에 놓기 바란다.

▶ 3. 어떻게 말할까요?

① 다음은 민지가 사람들과 주고받은 대화입니다. 읽어 보고 상처를 줄 수 있는 말들에 밑줄을 그어 봅시다.

상황	대화
선생님이 수학익힘책을 바꿔서 채점하라고 하셨는데 짝이 바꾸지 않음	민지 : 왜 책 안 바꿔? 선생님이 바꿔서 채점하라시잖아? 짝꿍 : 싫어. 나는 내가 채점할 거야. 너도 네가 채점해. 민지 : 너 정말 찌질하구나. 짝꿍 : 야! 너 지금 말 다했어? 네가 나보다 더 찌질하거든!

상황	대화
급식을 맛있게 먹고 있는데 친구가 놀림	친구 : 야, 그만 좀 먹어라. 민지 : 뭐라고? 친구 : 너 그렇게 많이 먹으니까 살이 찌는 거야. 민지 : 내가 먹고 싶어서 먹는 걸 가지고 네가 왜 난리야? 신경 꺼셔. 친구 : 쯧쯧. 그러니까 네가 애들한테 돼지 소리를 듣지.
복도에서 잡기 놀이를 하다가 선생님께 걸림	옆 반 선생님 : 너 야단 좀 맞아야겠다. 민지 : 네? 옆 반 선생님 : 야단 좀 맞아야겠다고. 민지 : 저만 뛴 거 아닌데요. 옆 반 선생님 : 뭐라고? 다른 애들이 뛰면 너도 뛰어도 된다는 거야? 민지 : 아니…… 그런 게 아니라 저만 뛴 건 아닌……. 옆 반 선생님 : 너희 반 아이들은 죄다 똑같구나. 무조건 말대꾸만 하고.

상황	대화
게임을 하고 있는데 엄마가 숙제를 끝내고 나서 게임을 하라고 하심	엄마 : 게임 그만하고 숙제 먼저 해라. 민지 : 이 판만 끝내고요. 엄마 : 그만하고 숙제 먼저 하라니까. 숙제 끝나고 나서 해도 되잖아. 민지 : 지금 거의 다 끝났어요. 이 판만 끝낼래요. 잔소리 좀 그만 하세요. 엄마 : 얘가! 너 엄마한테 말버릇이 그게 뭐야? 민지 : 아, 금방 끝난다니까요. 엄마는 왜 맨날 저만 야단치세요?

② 밑줄 친 말들을 듣기 편안한 말로 바꾸어 보세요. 바꾼 말을 모둠 친구들과 돌려 보며 활동하면서 느낀 것, 알게 된 것, 배운 것을 나누어 봅시다.

- 너 정말 찌질하구나. → _____

- ● → _____

▶ 4. 소리를 얍! 가슴이 뻥!

가슴을 활짝 펴고 양팔을 높이 든 다음 팔짝 뛰면서 소리를 크게 질러 봅시다. 발끝 저 바닥에서부터 소리를 끌어 올립니다. 가슴속에 묻어 둔 응어리들을 함성과 함께 모두 날려 버립시다. 무릎, 배, 가슴, 목을 거쳐 "아-!" 하고 10초 동안 크게 소리를 질러 보세요. 가슴이 뻥! 뚫릴 거예요.

3
'나'로 말을 시작해요

{채헌이의 일기}

　우리 아빠는 요즘 유행하는 말로 '핵노잼' 잔소리쟁이다. 조금만 자기 마음에 안 들면 엄청나게 잔소리를 하신다. 며칠 전에는 샤워를 하고 나오는데 언제 왔는지 아빠가 팔짱을 낀 채 욕실 앞에 서 계셨다.
　"너 혼자 우리 집 욕실 전세 냈어? 너 때문에 더운데 씻지도 못하고 이게 뭐야? 적당히 씻고 물 좀 아껴 써. 우리나라 물 부족 국가인 거 몰라?"
　전엔 왜 이렇게 안 씻느냐고 잔소리를 하더니 알아서 씻으니까 이

젠 또 자주 씻는다고 잔소리다. 나더러 어느 장단에 춤을 추라는 건지 알다가도 모르겠다. 다행인 건 엄마는 그래도 내 마음을 알아준다는 거다.

"당신, 왜 그렇게 채헌이한테만 신경이 곤두서 있어? 쟤도 나름 잘하려고 애쓰는데……."

"내가? 언제? 지가 잘하면 내가 뭐 하러 입 아프게 잔소리를 해?"

아빠는 언제나 내 탓이다. 똑같은 행동도 동생이 하면 웃어넘기면서 내가 하면 바로 무서운 얼굴로 폭풍 잔소리를 한다. 엄마는 아빠가 나한테 거는 기대가 커서 그렇다고 하지만 내가 보기에 아빠는 그냥 나를 미워하는 것 같다. 기대가 크면 더 존중하고 응원을 해 줘야지, 맨날 잘못한다고 야단만 치면서 어떻게 잘되기를 바란다는 건지 내 머리로는 이해가 안 된다.

오늘만 해도 그렇다. 밥을 먹는데 친구 승준이한테 카

톡이 와서 답을 보냈다. 그 친구네 집에 안 좋은 일이 있어서 위로해 주려고 그런 건데 알지도 못하면서 아빠가 또다시 화를 버럭 냈다.

"밥 먹을 때 스마트폰 하지 말랬지! 매일 그런 거나 들여다보는데 공부가 되겠어?"

"매일 들여다본 거 아니거든요!"

나도 모르게 화가 나서 아빠한테 대들다가 결국 혼만 더 났다.

그냥 가족끼리 밥 먹을 때는 스마트폰 보지 말라고 조용히 타일러도 될 텐데, 그렇게 화를 내면서 공부 이야기까지 꺼내는 아빠를 도저히 이해할 수가 없었다. 그러면 그럴수록 더 아빠 말을 듣기가 싫어지고 공부도 점점 더 하기 싫어진다는 걸 아빤 왜 모르는 걸까?

비폭력 대화 세 걸음

"나로 말을 시작해요"

채헌이 아빠가 원하는 것은 무엇일까요? 채헌이가 물을 아끼고, 다른 사람을 배려하고, 밥 먹는 것에 집중하기를 바라고 있지요. 그런데 채헌이는 아빠가 한 말에서 그런 마음을 읽을 수 있을까요? 말을 어떻게 시작하느냐에 따라 마음의 문이 열릴 수도 있고 닫힐 수도 있습니다. 마음의 문을 여는 말과 닫는 말에 대해서 함께 알아볼까요?

'너'로 말을 시작하기	'나'로 말을 시작하기
· 상대의 말이나 행동을 판단하고 평가하는 말이 되기 쉽다. · 듣는 이는 비난이나 강요, 명령으로 듣게 된다. → 변명을 하거나 공격하게 된다. · 대화가 힘들어진다.	· 본 것, 들은 것, 느낌, 원하는 것을 말한다. · 원하는 것을 분명하게 말하므로 듣는 이에게 뜻이 잘 전달된다. → 협조할 가능성이 높다. · 대화가 잘 풀릴 수 있다.
· (너) 혼자 우리 집 욕실 전세 냈어? (너) 때문에 더운데 씻지도 못하고 이게 뭐야? · (너) 밥 먹을 때 스마트폰 하지 말랬지.	· (나) 덥다. 빨리 씻고 싶어. · (나) 밥 먹을 때는 먹는 것에 집중하기를 바란다.

'너'로 말을 시작하면 상대방의 말이나 행동에 대해 '이렇다, 저렇다.' 하고 평가하는 말이 이어지기 쉬워요. 이런 말을 들으면 '내 상황도 내 맘도 몰라주네.'라는 생각이 들어 마음이 불편해지겠지요. 그래서 변명을 하거나, 토라지거나, 공격적인 말로 대답하기 쉽습니다.

'나'로 말을 시작해서 내가 본 것, 들은 것, 느낌, 원하는 것을 말하면 어떻게 될까요? 내가 내 얘기를 하므로 상대방은 편안한 마음으로 들을 수 있어요. 또 원하는 것을 분명하게 말하니까 오해가 쌓이지 않아요.

상황	내가 말하고 있는데 친구가 핸드폰을 들여다보고 있다.
너로 말하기	(너) 내 말 듣고 있니?
나로 말하기	(나) 서운해. 내 말에 귀를 기울여 줄래?

'말이 씨가 된다.'라는 속담을 들어 봤나요? 말이나 글로 무언가를 표현하면 그것이 어떤 결과를 가져온다는 뜻이에요. 말에는 기운이 있어요. 그래서 내가 말을 하면 상대방은 그에 따라

반응을 보입니다. 그 반응을 보고 나도 다시 어떤 말이나 행동을 하게 되지요. '나'로 말을 시작할 때와 '너'로 말을 시작할 때 상대방의 반응이 어떻게 다른지 살펴보기 바랍니다. 그것들이 어떤 씨앗을 뿌리고 있는지 알 수 있을 거예요.

1. 나로 말하기 - 내 얘기(상황, 느낌, 부탁)
- ▶ 듣는 이가 편하게 들을 수 있다.
- ▶ 협조를 받을 가능성이 높다.

2. 너로 말하기 - 네 얘기(평가, 해석)
- ▶ 듣는 이는 상대방에 대한 판단이나 평가를 하기 쉽다.
- ▶ 비난이나 강요로 들려서 변명하거나 공격하게 된다.

▶ 1. 모둠 이야기 만들기

① 모둠별로 둥그렇게 모여 앉습니다.
② 한 사람이 몸짓과 함께 한 문장으로 이야기를 시작합니다.
　　예) (제자리 걷기를 하며) "나는 친구랑 놀이터에 갔어요."
③ 오른쪽에 앉은 사람 순서로 이야기를 이어 갑니다.

▶ 2. '너'로 시작하는 말을 '나'로 시작하는 말로

{너를 주어로 말하기}		{나를 주어로 말하기}
엄마는 잔소리가 심해.	→	(저는) 엄마가 제 말을 들어주셨으면 좋겠어요.
(너) 왜 날 귀찮게 하는 거야?	→	(나는)
(너) 왜 네 말만 하니?	→	(나는)
(너) 왜 날 무시하는 거야?	→	(나는)
(너) 왜 이렇게 늦었어?	→	(나는)
너를 믿은 게 잘못이지.	→	(나는)
아빠는 맨날 자기 마음대로야.	→	(나는)
선생님은 진수만 칭찬하셔.	→	(나는)

▶ 3. 고민이 있어요

*준비물 : 상자, 종이

① 모둠별로 둘러앉아 종이에 혼자만의 고민이나 말로 하기 쑥스러운 질문을 씁니다.
② 쓴 종이를 접어서 상자에 넣습니다.
③ 한 사람이 상자에서 종이를 하나 뽑습니다. 내가 쓴 것이면 집어넣고 다른 것을 다시 뽑으세요.
④ 뽑은 종이를 큰 소리로 읽습니다. 읽은 후에 나라면 어떻게 할지 의견을 발표합니다. 그 질문에 대해 다른 사람들도 돌아가며 의견을 말합니다. 앞에서 말한 사람과 같은 의견이면 '통과'라고 말합니다.
⑤ 한 사람씩 돌아가며 종이를 하나씩 뽑고 의견을 발표합니다.
⑥ 활동하면서 느낀 것, 알게 된 것, 배운 것을 나눠 봅니다.

▶ 4. 나의 이야기 들려주기

① 두 사람이 짝을 짓습니다.
② 한 사람이 먼저 3분 동안 이야기합니다. 아래 내용을 참고하세요.
- 무엇을 할 때 즐거운가요?
- 소중하게 생각하는 것은 무엇인가요?
- 가까운 친구는 누구이고, 그 친구와 친하게 지내는 이유는?

- 나는 서른 살에 무엇을 하고 있을까?
- 내가 자랑스러웠을 때는?
- 의사소통이 힘들다고 생각하는 때는 언제인가요?
- 지난 한 주 동안 기뻤던 한 가지 소식은?
- 지난 한 주 동안 힘들었던 것은?
- 떠올리면 흐뭇해지는 기억은?
- 들으면 힘이 나는 말은?
- 기억하는 재미있는 일은?
- 언제 힘들었나요?

③ 듣는 사람은 귀 기울여 들어 줍니다. 말하는 사람의 이야기가 끝나면 30초 동안 가만히 있다가 이번에는 듣고 있던 사람이 말합니다.
④ 한 사람씩 돌아가며 친구들 앞에서 짝에게 들은 말을 그대로 전합니다.
⑤ 활동하면서 느낀 것, 알게 된 것, 배운 것을 나눠 봅니다.

4
보고 들은 대로 말해요

{승준이의 일기}

　오랜만에 운동도 할 겸 승희 누나와 함께 아롱이와 다롱이를 데리고 약수터에 갔다. 아롱이와 다롱이는 우리 집에서 키우는 강아지들이다. 모처럼 산에 올라서인지 아롱이와 다롱이도 즐거워 보였다. 그런데 약수터에 다 와 갈 무렵, 저쪽에서 사람들 발자국 소리와 두런두런 하는 말소리가 들리자 아롱이와 다롱이가 갑자기 왈왈 짖었다. 그 바람에 약수를 뜨러 왔던 아줌마가 놀라셨는지 "아유, 놀래라. 녀석들 성깔 한번 대단하네. 순한 개들은 사람을 보면 꼬리만 흔드는데 얘들은 성질이 보통이 아니네. 하나를 보면 열을 안다고,

이런 개들이 사람 물기 십상이야."라며 우리를 지나쳐 갔다.

나는 아줌마의 말에 기분이 몹시 상했다. 우리 아롱이와 다롱이에 대해 잘 알지도 못하면서 저렇게 말을 하다니…… 그런 생각을 하고 있었는데, 누나도 나랑 같은 마음인지 나한테 "그냥 한번 짖었을 뿐인데 어떻게 성질이 좋은지 나쁜지 알아? 말도 안 돼."라고 말했다.

우리는 아줌마의 말에 동의를 할 수가 없었다. 개가 짖는 건 사람이 말을 하는 것처럼 당연한 건데 그걸로 '순하다.', '사납다.'를 어떻게 가릴 수 있다는 것인지 이해가 되지 않았다. 또 "하나를 보면 열을 안다."라는 속담이 있다는 건 나도 들어 봤지만 "하나를 보면 하나를 안다."라고 해야 맞는 거라는 생각도 들

었다. 나머지 아홉은 내가 직접 본 거나 들은 것이 아니라 이럴 수도 있고 저럴 수도 있는 상상에 불과하니까.

　사실 아롱이와 다롱이가 처음 우리 집에 왔을 때는 우리 가족도 그 아줌마처럼 잘 모르면서 함부로 '평가'라는 걸 했었다. 아롱이는 진돗개고 다롱이는 삽살개다. 그래서 생김새만큼이나 서로 성격도 달랐다. 우선 다롱이는 자다가도 식구들이 돌아오는 소리가 들리면 꼬리를 흔들면서 문 앞으로 가는데, 아롱이는 그대로 자고 있을 때가 더 많았다. 깨어 있어도 아빠하고 나한테만 꼬리를 흔들며 반기고 엄마나 누나한테는 그리 반기는 내색을 안 했다. 또 목소리를 크게 해서 훈련을 시키려고 하면 다롱이는 겁을 먹

고 움츠러드는데, 아롱이는 그냥 다른 곳으로 가 버리곤 했다.

그걸 보고 누나는 "진돗개는 영리하다던데 쟤는 아닌 것 같아. 배짱만 두둑해."라며 아롱이를 무시하기도 했다.  그런데 진돗개는 사냥을 하던 개라 넓은 곳에서 맘껏 뛰게 해 주어야 한다는 이야기를 듣고 저녁에 학교 운동장에 데리고 갔더니, 아롱이가 엄마와 누나 뒤를 졸졸 따라다니며 애교를 부리는 거다. 그걸 보면서 우리 가족은 잘 모르면서 함부로 평가를 하는 게 얼마나 잘못된 건지 깨달았다.

'아롱아 다롱아, 알지도 못하면서 함부로 말했던 것 미안해!'

비폭력 대화 네 걸음

"본 대로 들은 대로 말해요"

만약 승준이와 아주머니가 대화를 한다면 어떻게 됐을까요? 아마 서로 힘들었을 거예요. 왜냐고요? 아주머니가 색안경을 쓰고 강아지들을 바라보고 있고, 승준이는 마음이 상했기 때문이에요. 웬 안경이냐고요?

  어떤 말을 듣거나 행동을 보면 우리 머릿속에는 어떤 생각이 떠오릅니다. 머릿속에 떠오르는 평가, 추측, 해석 등의 내 생각이 바로 색안경이에요. 아주머니는 아롱이와 다롱이가 짖는 소리만 듣고 판단과 평가를 하셨지요. 다음 표를 보고 사실과 색안경을 구별해 보세요.

평가 - 색안경	사실 - 관찰
사실에 대한 내 생각(판단, 평가, 해석)	상대와 내가 인정할 수 있는 사실
· 녀석들 성깔 한번 대단하네. · 우석이가 거짓말을 했어. · 윤주가 장난감을 뺐으려고 했어요. · 준영이가 날 무시했어.	· 강아지가 짖었다. · 우석이가 "집에 간다."라고 했는데 승준이랑 PC방에 갔어. · 윤주가 "혼자 두 개나 갖고 있잖아. 하나는 나에게 줘."라고 말했어요. · 준영이한테 문자를 보냈는데 답을 받지 못했어.

  왼쪽 표에 있는 대로 말하면 어떻게 될까요? 듣는 사람은 자신

에 대한 비난이나 비판으로 듣게 되어 변명하거나, 공격하거나, 입을 다물기 쉬워요. 이렇게 마음의 문이 닫히면 서로 대화가 힘들어져요. 그래서 대화를 할 때는 오른쪽 표에 있는 것처럼 ①눈으로 본 그대로, ②귀로 들은 그대로 옮기기를 권합니다.

본 그대로 들은 그대로 말하기는 생각보다 쉽지 않아요. 무엇을 보거나 듣는 순간 곧바로 내 생각이 달라붙거든요. 물에 잉크를 떨어뜨리면 싸악 번지듯이 사실에 내 생각을 섞는 거지요. 소문이 눈덩이처럼 불어나는 것은 그런 까닭입니다. 그래서 사실과 내 생각을 구분하는 것이 중요해요.

이제부터 내가 어떤 색안경을 쓰고 있는지를 한번 살펴보세요. 다른 사람이 하는 말이나 행동을 보고 내가 어떤 평가, 판단, 추측을 하고 있는지를 가만히 바라보는 거예요. 내가 하는 말에도 귀를 기울여 보세요. 사실을 말하고 있는지 내 생각을 섞어 말하고 있는지를 구별해 보세요. 이렇게 나를 관찰하는 것은 그 어떤 관찰보다 재미있는 일이랍니다. 그 관찰이 가져올 놀랍고 신비로운 변화를 경험해 보세요.

1. 판단, 평가, 해석

▶ 엄마는 형만 좋아해. 형 말만 들어.

 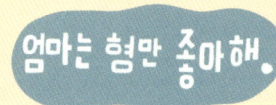 

2. 관찰=사실

▶ 엄마가 형이 빵을 사 달라고 하자 사 주고 내가 아이스크림을 사 달라고 하자 "찬 거는 몸에 안 좋아."라며 사 주지 않았다.

"본 대로 들은 대로 말하면 달라져요"

▶ 1. 나는 누구일까요?

① 모둠별로 모여 각자 모둠원 중에서 흉내 내고 싶은 한 사람을 정합니다.
② 그 사람의 외모, 행동, 말투 등 특징을 찾습니다.
③ 모둠원들이 돌아가며 자신이 정한 사람을 흉내 냅니다.
④ 보고 있는 다른 모둠원들은 그 사람이 누구인지 알아맞힙니다. 정답에 등장하는 주인공이 다음 차례 입니다.
⑤ 활동하면서 느낀 것, 알게 된 것, 배운 것을 나눠 봅니다.

▶ 2. 본 대로 말하기, 들은 대로 그리기

① 진행자는 동그라미, 세모, 네모 등을 이용해 그린 그림 한 장을 준비합니다.

② 각 모둠에서 한 사람이 나와 진행자가 보여 주는 그림을 보고 자기 모둠으로 돌아가서 자기가 본 그림이 어떤 모양인지 모둠원들에게 전달합니다. 몸은 쓰지 않고, 말로만 전하도록 합니다. 모둠원들은 들은 이야기에 따라 종이에 그림을 그립니다. 이때 다른 사람의 그림을 보지 않도록 합니다.

③ 처음 진행자가 보여 줬던 그림을 다 함께 확인해 보고, 그 그림과 자신이 그린 그림을 비교해 봅니다.

④ 활동하면서 느낀 것, 알게 된 것, 배운 것을 나눠 봅니다.

▶ 3. 평가 대신 관찰!

다음 말들 중에서 '관찰'과 '평가'를 구별해 봅시다. '평가'인 말은 모두 '관찰'로 바꿔 보세요.

희원이는 키가 커.	걔 진짜 웃기게 생겼어.	동생이 날 만만하게 봐.
수지는 모범생이야.	지희는 문제만 일으켜.	걔 아주 못됐어.
진우는 초록색을 골랐어.	은성이는 "실망했어."라고 말했어.	형이 두 그릇을 먹었어요.
내 자리는 앞에서 세 번째야.	혜민이는 참 성실하구나.	성진이는 성격이 너무 급해.

▶ 4. 관찰로 이야기해요

① 아래 그림을 관찰로 묘사해 보세요.
② 다 쓴 뒤에는 모둠원들끼리 돌려 가며 읽으면서 판단이나 평가하는 말에는 밑줄을 긋습니다.
③ 내 것이 돌아오면 밑줄 그은 부분을 관찰로 다시 적어 봅니다.

김홍도, 〈씨름〉, 18세기

5

느낌을 말해요

{승희의 일기}

혜진이네 집에 놀러 갔다. 혜진이가 우리 집에 와서 같이 놀다가 바래다주려고 따라나섰는데, 갑자기 자기 집에서 함께 떡볶이를 만들어 먹자고 해서 좋다고 따라갔다. 혜진이가 시키는 대로 양배추도 썰고 오뎅도 썰면서 둘이서 같이 떡볶이를 만들었는데 생각보다 쉽고 간단한 데다 가게에서 파는 것보다 맛있어서 깜짝 놀랐다. 나는 생각지도 못한 일을 어른처럼 척척 해내는 혜진이가 문득 대단해 보였다. 그런데 떡볶이를 먹다가 갑자기 혜진이가 이런 말을 했다.

"승희 넌 참 좋겠다. 엄마 아빠도 다 있고, 동생도 있고, 강아지도

두 마리나 있고, 네 방도 따로 있어서."

혜진이는 할머니와 함께 사는데 할머니는 시장에서 장사를 하셔서 집에 오면 혜진이 혼자 있을 때가 많다고 한다. 혜진이네 집은 지하라서 낮에도 불을 켜야 할 만큼 어두운데다 방도 한 개뿐이고 화장실도 밖에 있어서 불편했다. 이런 집은 한번도 본 적이 없어서 처음에 왔을 땐 조금 놀랐다. 그런 걸로만 보면 난 분명히 혜진이보다 가진 게 많다. 그 애 말처럼 엄마 아빠도 있고 강아지도 있고 내 방도 있으니까. 하지만 혜진이가 상상하는 것처럼 늘 행복하기만 한 건 아니다. 그래서 요즘 내가 고민하는 걸 솔직하게 털어놓았다.

"혜진아, 넌 내가 부러울지도 모르겠지만 사실 난 혼자 살고 싶을 때가 많아."

내가 이렇게 말하자 뜻밖이라는 듯 혜진이의 눈이 동그래졌다.

"언제 혼자 살고 싶은데?"

"아빠랑 엄마가 싸울 때, 동생이랑 싸울 때, 엄마 잔소리 들을 때, 토요일에도 학원 때문에 일찍 일어나야 할 때. 셀 수 없이 많아."

"너는 아무 걱정 없는 줄 알았는데 그게 아니었구나."

"응. 어제도 엄마랑 아빠랑 크게 싸웠어. 너무 무서워서 방문을 걸어 잠그고 귀를 틀어막은 채 이불 속으로 들어가서 혼자 울었어."

혜진이는 내 마음이 이해가 된다는 듯 고개를 끄덕였다. 누군가와 이

런 이야기를 나눈 건 처음인데 말하고 나니 이상하게 마음이 한결 편안해졌다. 왠지 혜진이와 더 친해진 느낌이 들어서 둘이 손을 잡고 골목길을 걸어 다녔다. 누군가와 마음을 나눈다는 게 이런 걸까? 혜진이의 손에서 따듯한 기운이 전해져 오는 것 같았다. 그리고 혜진이가 했던 말, '넌 참 좋겠다. 엄마 아빠도 있고…….'라는 말이 돌아오는 내내 지워지질 않아 마음이 아팠다.

비폭력 대화 다섯 걸음

"느낌을 말해요"

승희의 일기를 읽고 어떤 느낌이 들었나요? 승희는 오늘 하루 여러 가지 느낌을 만났을 거예요. 혜진이네 집에 처음 들어섰을 때부터 집으로 돌아올 때까지 놀라운, 꺼림칙한, 안쓰러운, 재미

난, 신 나는, 홀가분한, 따뜻한, 가슴 뭉클한 등 다양한 느낌들이 승희 마음을 들락날락했겠지요.

승희처럼 우리도 하루 동안 여러 가지 느낌을 만나게 됩니다. 남몰래 좋아하던 친구한테 "너랑 친해지고 싶어."라는 말을 듣게 된다면 어떨까요? 입꼬리가 올라가고, 얼굴이 붉어지고, 가슴이 쿵쿵거리겠지요. 자극을 받았을 때 몸에서 일어나는 반응이 '느낌'이에요. 그 반응은 내 상태가 어떤지, 만족스러운지 불만스러운지를 알려 주지요.

78쪽의 느낌말 목록을 함께 살펴볼까요? 왼쪽에 있는 느낌은 불만스러운 상태, 오른쪽에 있는 느낌은 만족스러운 상태를 나타냅니다. 왼쪽 표에 있는 느낌이 들 때 원하는 것을 알아차리고 그것을 말이나 행동으로 옮기면 오른쪽 느낌으로 변할 거예요. 몸이 피곤할 때(느낌) 푹 쉬고 나면(필요) 어떨까요? 기운이 나고 생기가 돌겠지요.(느낌) 느낌은 필요한 것을 충족하느냐 못 하느냐에 따라 이렇게 변한답니다.

▶ 느낌말 목록 (더 자세한 느낌말 목록은 174쪽에 있어요.)

원하는 것을 충족하지 못했을 때	원하는 것을 충족했을 때
심심한, 따분한, 피곤한 답답한, 부담스러운, 귀찮은 가슴 아픈, 속상한, 억울한 외로운, 쓸쓸한, 허전한 오싹한, 진땀 나는, 아찔한 난처한, 서먹한, 미안한 화나는, 분한, 짜증 나는 실망한, 섭섭한, 서운한 당황스러운, 얼떨떨한, 망설이는 울적한, 슬픈, 안쓰러운	가슴 뭉클한, 감탄스러운, 고마운 황홀한, 들뜬, 신 나는 따뜻한, 정겨운, 훈훈한 차분한, 안심되는, 편안한 재미있는, 상쾌한, 흡족한 자랑스러운, 떳떳한, 뿌듯한 기운 나는, 생생한, 산뜻한 놀라운, 신기한, 끌리는 기대되는, 두근거리는, 설레는

이렇게 다양한 느낌이 일어나는 순간, 그 느낌을 알아차리는 게 중요해요. 느낌은 어떻게 말하고 행동할지를 알려 주는 신호거든요. 낭떠러지 위를 걷는다면 몸에서 어떤 느낌이 일어날까요? 오싹하겠지요? 그 느낌은 조심조심 걸으라는 신호예요. 배가 고프면 '먹으라.'는, 피곤하면 '쉬라.'는 신호예요. 이처럼 느낌은 우리가 잘 살아갈 수 있도록 도움을 줍니다. 느낌이 보내는 신호를 잘 읽으면 건강한 몸, 편안한 마음으로 살 수 있어요.

그러려면 느낌과 생각을 구별할 수 있어야겠지요? 어떤 상황에 부딪힐 때 습관적으로 하던 생각을 잠시 멈추고, 몸과 마음에서 일어나는 반응을 잘 살펴보세요.(느낌) 그리고 그 순간 자신에게 무엇이 필요한지 찾아봅니다.(필요)

생각	느낌	필요(원하는 것)
· 머릿속에 떠오르는 것	· 몸과 마음에서 일어나는 반응	· 필요로 하는 것 · 원하는 것 · 중요하게 여기는 것
· 아이들이 나를 따돌린다. · 현경이가 나를 깔본다. · 나는 나쁜 아이다.	· 외롭고 슬프고 무섭다. · 화나고 섭섭하고 슬프다. · 후회스럽고 비참하고 맥이 풀린다.	· 소속감, 함께하기, 안전 · 존중, 이해, 우정 · 믿음, 인정

그리고 느낌을 말이나 글로 표현할 줄 아는 힘도 필요해요. 주변 어른들로부터 '착하다, 어른스럽다, 점잖다.'라는 말을 듣는 친

구들이 있을 거예요. 이런 칭찬을 받다 보면 다른 사람들의 기대에 맞추기 위해 자기 느낌을 모르는 체하거나 누르려고 할 때도 있을 것입니다. 그러다 보면 어느 순간 마음속에서 아픈 느낌이 확 올라올 수도 있어요. 그럴 때는 누르려고 하지 말고 실컷 울거나, 안에 있는 말을 맘껏 토해 내서 눌려 있던 느낌을 풀어 주세요.

누군가를 때리고, 욕을 하고, 소리를 지르고, 흉을 보고, 고자질하고, 음식을 많이 먹는 것도 감정을 풀어내는 한 방식이에요. 이런 방법으로 감정을 풀어내면 자신이 가장 큰 피해를 입게 됩니다. 사람들과 점점 멀어지게 되니까요. 또 불편한 느낌을 표현하지 않고 참으면 엉뚱한 데서 터져 나오기도 해요.

내 느낌을 알아차리고 거기에 이름을 붙여 주다 보면 공감할 수 있는 힘, 감정을 조절할 수 있는 힘이 생깁니다. "기분이 좋아.", "기분이 나쁘다."라는 말 대신에 느낌에 이름을 붙여 보세요. "즐거웠어.", "편안했어.", "고마웠어.", "속상했어.", "짜증 났어.", "억울했어.", "슬펐어."라고 말해 봅시다.

느낌

- ▶ 몸에서 일어나는 반응
- ▶ 알아차리기 - 신호
- ▶ 말이나 글로 표현하기
- ▶ 혼잣말로라도 느낌을 말하기
  : 공감하는 힘
    감정을 조절하는 힘

"온몸으로 느낌을 표현해요"

▶ 1. 오늘 하루 느낌은

① 다음은 느낌을 나타내는 말들입니다. 오늘 하루 나에게 찾아왔던 느낌에 모두 동그라미를 해 보세요. 이 말들 외에도 다른 느낌이 찾아왔다면 88쪽 빈칸에 적어 보세요.

기쁨	고마움	흐뭇한	편안한
홀가분한	신이 나는	희망찬	기대에 부푼	설레는
짜증 나는	피곤한	불안한	억울한
불편한	우울한	창피한	외로운

② 82쪽에 적혀 있는 느낌 중에서 가장 기억에 남는 느낌을 하나 고르고 다음 질문에 답해 보세요.

- 가장 기억에 남는 느낌은 무엇인가요?

- 무슨 일이 있었나요? 왜 그런 느낌을 받았나요?

- 느낌이 어떤지 그 순간에 바로 알아차렸나요?

  - 알아차렸다면 어떻게 해서 알게 되었나요?

  - 알아차리지 못했다면 왜 그랬을까요?

- 내 느낌을 누군가에게 말했나요?

▶ 2. 느낌은 신호

느낌은 필요한 것을 알려 주는 신호입니다. 어떤 신호인지 알아볼까요? (175쪽 필요 목록을 참고하세요.)

느낌 = 보물 지도	필요한 것 = 보물
피곤	휴식, 잠, 혼자만의 시간
배고픔	음식
불안, 두려움	
긴장	
화, 슬픔	

▶ 3. 생각 대신 느낌!

다음 말들 중에서 '느낌'인 말을 모두 골라 보세요. '생각'인 말은 모두 '느낌'으로 바꿔 봅시다.

친구가 내 말을 끊어서 무시당한 느낌이었어.	일을 도와줘서 참 고마웠어요.
그 일을 아직도 기억하고 있어서 가슴이 뭉클했어.	그렇게 말하니 기분이 나빠.
따돌림당한 느낌이야.	준비물을 안 챙겨 오다니 무책임하다고 느껴져.
갑자기 화를 내서 정말 당황스러웠어.	나만 야단맞으니까 차별받는 것처럼 느껴져.

▶ 4. 눈으로 입으로 느낌 표현하기

① 둘이서 짝을 지어 마주보고 앉습니다.
② A가 먼저 종이로 눈 아래를 가립니다. 눈만 보이게 한 뒤 눈을 다양하게 움직여서 느낌을 표현합니다. B는 그대로 따라 합니다.
  예) 호기심이 생기는, 놀란, 기쁜, 무서운, 화난, 속상한, 슬픈
③ 이번에는 B가 종이로 입 위를 가립니다. 입만 보이게 하고 입을 다양하게 움직여서 느낌을 표현합니다. A는 그대로 따라 합니다.
  예) 호기심이 생기는, 놀란, 기쁜, 무서운, 화난, 속상한, 슬픈
④ 눈과 입에 담겨 있는 느낌이 어떤 것이었는지 짝과 이야기를 나누어 보세요.
⑤ 활동하면서 느낀 것, 알게 된 것, 배운 것을 나눠 봅니다.

▶ 5. 느낌 조각상 만들기

① 모둠원끼리 둥그렇게 모여 앉습니다.
② 한 사람씩 돌아가며 아래 느낌 중 한 가지를 골라 조각상처럼 정지된 동작으로 나타냅니다. 다른 사람들은 조각상이 된 사람이 몸으로 표현한 느낌이 무엇일지 추측해 봅니다.

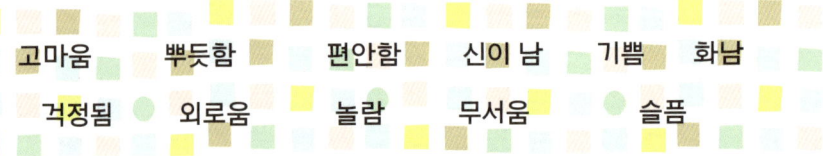

예) '놀람'은 눈을 크게 뜨고 양 손을 뒤로 벌린다.

③ 느낌을 맞춘 사람은 친구의 동작에 다른 동작을 더해 봅니다.

예) '놀람'을 표현한 친구의 고개를 뒤로 젖혀 준다.

④ 모두가 자신의 현재 느낌을 조각상처럼 표현하면서 활동을 마칩니다.

⑤ 활동하면서 느낀 것, 알게 된 것, 배운 것을 나눠 봅니다.

6

필요를 말해요

{혜진이의 일기}

우리 반에서 기르고 있는 봉숭아에 꽃이 피어서 봉숭아물을 들이기로 했다. 선생님께서 백반하고 비닐, 실을 미리 준비해 놓으셨다. 손톱에 물을 들이고 싶은 친구들은 봉숭아물을 들였다. 나도 물을 들이려고 했는데 투명 매니큐어를 바른 것을 지우고 오지 않아서 아쉽게도 들이

질 못했다. 대신 실을 자르고 봉지를 잘라 친구들에게 나누어 주었다. 남자아이들 중에서도 봉숭아물을 들이는 아이들이 많았다. 친구들 손가락을 비닐로 싸고, 실로 감고 하면서 어떻게 물이 들지 궁금해졌다.

  짝꿍인 상원이에게도 실과 봉숭아를 건네주려 하자 상원이는 필요 없다면서 이렇게 말했다.

  "남자가 왜 손톱에 봉숭아물을 들여? 이상하지 않냐?"라고 하길래 내가 "봉숭아로 물들이는 게 싫어?" 하고 물었다. 그랬더니 "그럼, 완전 싫지! 손톱에 물들이고 칠하는 건 여자애들이나 하는 짓이잖아." 하는 거다.

나는 '여자애들이나 하는 짓'이라는 말에 기분이 나빠졌다.

"하는 짓이 뭐야. 짓이라니?" 하고 조금 목소리를 높여 말하자,

"어휴 무식하긴, 짓은 'act'야, act. '행동'이라고."

상원이는 의자에서 일어나 몸을 흔들흔들하며 이렇게 말했다. 그렇게 말하는 모습이 어찌나 얄미웠는지.

"치이."

나는 입을 내밀고 상원이를 째려봤다.

그때 선생님께서 지나가시다가 우리 말을 들으셨는지,

"상원아, 여자애들이 왜 손톱에 물을 들일까?"

하고 물어보셨다.

"예쁘니까 하겠죠."

"그럼, 남자애들은?"

"걔네들도 예쁘라고 물들이나?"

상원이 눈이 동그래졌다.

"그러엄. 남자나 여자나 예쁘라고 하는 거야."

선생님께서 '그럼'을 길게 빼면서 곡조를 붙여 말씀하셨다.

상원이는 고개를 갸웃거렸다.

남자라고 예뻐지고 싶은 마음이 없을까?

비폭력 대화 여섯 걸음

"원하는 것을 말해요"

상원이라고 예뻐지고 싶은 마음이 없을까요? 우리가 살아가는 데 물, 공기, 음식, 사랑이 중요하듯이 '아름다움'도 꼭 필요합니다. 이렇게 우리 모두가 살아가면서 원하는 것, 중요하게 여기는 것을 '필요'라고 해요. 우리가 말하고 행동하는 것은 모두 필요한 것이 있기 때문이에요. 어떤 것이 필요한지, 또 어떤 것을 아름답다고 느끼는지는 사람마다 순간마다 다를 거예요. 지금 나한테 필요한 것은 내가 가장 잘 알 수 있어요. 우리 삶에 어떤 필요들이 있는지 아래 필요 목록을 보면서 함께 알아볼까요?

▶ **필요 목록** (더 자세한 필요 목록은 175쪽에 있어요.)

스스로 하고 싶은 것	자기 결정, 선택, 자유, 자립, 사생활을 존중받을 권리
몸이 필요로 하는 것	공기, 물, 음식, 집, 휴식, 수면 신체적 접촉, 성적 표현, 돌봄 자유로운 움직임, 운동, 신체적 안전, 편안함
사람들 사이에서 필요한 것	나눔, 도움, 지지 사랑, 소통, 관심, 우애, 친밀함 공감, 이해, 위로, 배려, 존중 감사, 인정, 믿음
놀고 싶은 것	재미, 즐거움, 웃음, 놀이

의미를 찾고 싶은 것	가치, 보람, 자기표현 축하, 애도 목표, 꿈, 열정 성취, 성장, 배움, 숙달 깨달음, 창의성
아름다움을 느끼고 평화를 얻고 싶은 것	성실, 온전함, 일치 아름다움, 질서, 조화, 평등 평온함, 여유, 평화

　자동차에 기름을 넣으면 차가 움직이듯이 필요를 충족하면 힘이 나고 신이 납니다. 계기판 눈금을 보고 기름을 넣듯이 필요를 알아차리게 하는 것은 느낌이에요.

　예를 들어 추워요.(느낌) 그러면 따뜻한 것을 원하게 돼요.(필요) 몸을 따뜻하게 하기 위해 움직이겠지요.(행동) 선택할 수 있는 것 중에는 옷 입기, 목도리 하기, 장갑 끼기, 양말 신기, 따뜻한 물 마시기, 이불 속으로 들어가기, 친구랑 꼭 붙어서 손잡고 가기 등 여러 가지가 있을 거예요.(수단·방법) 수단이나 방법을 많이 찾아낼수록 삶이 재미나고 즐거워진답니다.

원하는 것을 충족하기 위한 수단이나 방법은 사람마다, 상황마다, 문화권마다 달라요. 책 읽는 것이 재미있다는 사람이 있는가 하면 운동장에서 공을 차는 것이 즐겁다는 사람도 있지요. 쌀을 주식으로 하는 곳이 있는가 하면 빵을 주식으로 하는 곳도 있어요. 우리는 밥 먹을 때 숟가락과 젓가락을 사용하는데 나이프와 포크, 또는 손을 사용하는 나라도 있습니다. 어떤 것이 좋거나 나쁘다고 할 수 없어요. 서로 다를 뿐이지요.

필요	수단 · 방법
· 살아가는 데 꼭 필요한 것 · 말하고 행동하게 하는 힘 · 모든 사람이 필요로 하는 것	· 필요를 충족하기 위한 수단이나 방법은 문화권마다 다르고 사람마다 다르다.
· 평화 · 배려 · 소속	· 툭툭 치지 않고 말로 하기, 혼자만의 시간 갖기 · 무거운 것 함께 들기, 친구의 말을 끝까지 들어 주기 · 함께하기, 교복과 체육복

　내가 무엇을 원하느냐에 따라 느낌이 달라져요. 예를 들어 친구랑 놀기로 해서 약속 시간에 맞춰 친구네 집에 갔는데, 친구가 "다음에 놀자."라고 말한다면 어떤 느낌이 들까요? 그때 내가 친구랑 재미있게 놀고 싶었다면 무척 서운하고 속이 상하겠지요. 그런데 피곤해서 쉬고 싶었지만 약속 때문에 어쩔 수 없이 갔다면 어떨까요? "다음에 놀자."라는 말이 무척 반갑고 고마울 거예요.

　이처럼 같은 말을 들었을 때도 내가 무엇을 원하고 있느냐에 따라 느낌이 달라져요. 느낌이 '누구' 때문이 아니라 '내가 원하는 것' 때문이라는 것을 알면 다른 사람을 탓하지 않고, 그것을 충족할 수 있는 방법을 찾는 데 힘을 쓰겠지요.

　내가 원하는 것과 친구가 원하는 것을 똑같이 존중하면 정이 새록새록 깊어져요. 나는 놀고 싶은데 친구가 "피곤해."라고 하면, 쉬고 난 후에 놀자고 말하는 것이 배려예요. 내가 원하는 것과 다른 사람이 원하는 것이 다를 때가 있어요. 그럴 때는 어떻게 하면 서로가 만족할 수 있는지 그 방법을 함께 찾아보세요. 그러려면 대화가 필요하겠지요?

말하고 행동하기 전에 먼저 질문을 던져 보세요. '나는 무엇을 원하고 있을까? 어떻게 말하고 행동하면 그것을 얻을 수 있을까?' 하고 말이에요.

필요

- ▶ 살아가는 데 필요한 것, 원하는 것, 중요한 것
- ▶ 사람마다 다르고 상황마다 달라져요.
- ▶ 원하는 것에 따라 느낌이 달라져요.
- ▶ 내가 원하는 것과 네가 원하는 것을 똑같이 존중해요.
- ▶ 서로가 만족할 수 있는 수단이나 방법을 찾아봅니다.

▶ 1. 이것이 필요해요

다음과 같은 필요를 느낀 적이 있으면 괄호 안에 그것을 얻을 수 있는 수단·방법을 적어 봅시다. 마지막 빈칸에는 여러분의 필요를 적고 수단·방법을 찾아보세요.

- 내 일은 내가 결정하고 싶어요. ( )
- 맛있는 음식을 먹고 싶어요. ( )
- 쉬는 시간이 좀 더 길었으면 좋겠어요. ( )
- 단짝 친구가 있으면 좋겠어요. ( )
- 엄마가 나한테 더 관심을 가져 주면 좋겠어요. ( )

- 내 방을 갖고 싶어요. (   )

- 친구들이랑 축구를 하고 싶어요. (   )

- 국어 점수가 올랐으면 좋겠어요. (   )

- 길냥이들이 건강하면 좋겠어요. (   )

- _____ (   )

▶ 2. 겉마음과 속마음 알아보기

다음과 같은 상황에서 느낌과 필요는 무엇인지 알아봅시다.

상황	느낌 = 겉마음	원하는 것 = 속마음
학원에 갈 때	피곤하다.	쉬고 싶다.
무서운 꿈을 꾸었을 때		
새로운 가족이 생겼을 때 예) 강아지 입양		
집에 가고 싶은데 급식 뒷정리를 할 때		

친구가 내 흉을 봤다는 말을 들었을 때		
시험 점수가 낮아서 혼났을 때		
거짓말을 했을 때		
문제가 잘 풀릴 때		

▶ 3. 좋아하는 것과 싫어하는 것을 말해 보세요

① 모둠별로 둥그렇게 앉습니다.
② 한 사람씩 돌아가며 "나는 ~을 좋아해요. 왜냐하면 ~하기 때문이에요." 라고 말해 보세요.
  예) 나는 여름을 좋아해요. 왜냐하면 바닷가에서 노는 것이 재미있기 때문이에요.
③ 이번에는 한 사람씩 돌아가며 "나는 ~을 싫어해요. 왜냐하면 ~하기 때문이에요."라고 말해 보세요.
  예) 나는 모기를 싫어해요. 왜냐하면 잠자다 물리면 잠을 깨기 때문이에요.
④ 활동하면서 느낀 것, 알게 된 것, 배운 것을 나눠 봅니다.

▶ 4. 보물을 캐 봐요

*준비물 : 도화지, 포스트잇, 크레파스

① 모둠끼리 둥그렇게 모여 앉습니다.

② 각자가 도화지 위에 자기한테 소중한 필요를 하나씩 크레파스로 진하고 굵게 씁니다.

③ 도화지를 오른쪽의 친구에게 줍니다. 친구의 도화지를 받으면 적혀 있는 필요가 무엇인지 보고 그 필요를 충족하기 위한 수단·방법을 포스트잇에 써서 도화지 위에 붙입니다.

④ 모둠원 모두의 도화지에 포스트잇을 붙이면 활동이 끝납니다. 포스트잇을 붙인 도화지를 전시하여 함께 봅니다.

▶ 5. 우리가 해냈어요!

① 모둠원끼리 둘러앉아 각자 경험했던 갈등 상황을 한 가지씩 포스트잇에 씁니다.

    예) 빵이 하나밖에 안 남았는데 동생이랑 서로 먹겠다고 싸웠다.

② A4 용지에 그것을 붙인 후 의견을 나눠 그중 하나를 선택합니다.

③ 전지 절반 크기 종이에 아래 표를 크게 만듭니다.

	필요 = 원하는 것	수단·방법	함께 충족할 수 있는 수단·방법
A	1	3	5
B	2	4	

④ 갈등의 주인공인 A와 B가 원하는 것을 모둠원들이 각자 추측해 보고 포스트잇에 쓴 뒤 전지에 붙입니다.(1, 2)

⑤ 한 사람씩 돌아가면서 수단·방법을 각각 포스트잇에 쓴 뒤 전지에 붙입니다.(3, 4)

⑥ 함께 충족할 수 있는 방법을 각자 포스트잇에 써서 전지에 붙입니다.(5)

⑦ 갈등의 주인공들이 소감을 이야기합니다.

⑧ 모둠 활동이 끝나면 활동한 전지를 모두 볼 수 있게 전시합니다.

▶ 6. 나의 필요도, 너의 필요도 똑같이 소중해요

① 모두 모여 둥그렇게 섭니다.
② 한 사람씩 오른손을 위로 올리면서 지금 이 순간에 채워진 필요를, 왼손을 올리면서 앞으로 채우고 싶은 필요를 하나씩 이야기합니다.
③ 다른 사람들도 큰 소리로 똑같이 따라 말합니다. 활동을 마치면 큰 박수로 마무리합니다.

7

부탁해요

{상원이의 일기}

"덥다, 더워!"를 외치고 있는데 선생님께서 "얘들아, 우리 치자하고 황토로 옷 물들이러 나가자."라고 하셨다. 그 말이 떨어지기가 무섭게 반 아이들은 일제히 "야호!" 하고 소리를 질렀다. 우리는 모래 놀이터 옆에 모둠원들끼리 모여 앉았다. 치자로 물들이기로 한 친구들, 황토로 물들이기로 한 친구들이 나눠서 앉았다. 선생님께서 치자와 황토를 나눠 주셨다. 치자로 물들이는 애들은 받아 온 물에 치자를 잘게 부수고, 황토로 물들이는 애들은 황토를 물에 섞었다. 황토는 물에 잘 풀어서 옷을 담가 물들이고, 치자는 물에 담가 물 빛깔이 노랗게 변하면 치자를 걸러 내고 나서 옷을 담그라고 하셨다. 만약 치자가 조금이라도 남아 있으면 옷에 얼룩이 생기니 조심하라고 하셨다.

  나는 '치자'라는 말이 재미있어서 '치자로 물들이기'를 선택했다. 그런데 치자를 부수는 게 힘이 들었고 냄새까지 이상했다. 치자를 잘게 부수고 있는데 지은이가 내 옆에 있는 치자 봉지를 가리키며 "정상원, 치자 몇 개만 더 줘."라고 말했다. 내가 치자를 고르고 있자 "빨리 줘."라고 재촉을 했다. '쳇, 지가 뭔데 명령이야.' 나는 기분이 나빠졌다.

  "몇 개?"

  "알아서 줘. 물 색깔이 너네 것보다 옅잖아."

  "몇 개라고 정확하게 말해야지. 내가 어떻게 아냐?"

"나도 처음인데 어떻게 아니? 적당히 주면 되지."

부탁을 하면서 짜증을 내다니 기가 막혔다. 그리고 자기네 거니까 자기가 결정해야 하는 거 아닌가? 황당하기도 하고 나한테 미루는 것이 부담스러웠다. 에라 모르겠다, 손에 잡히는 대로 마구 집어 줬다. 그랬더니,

"야, 이렇게 많이 주면 어떻게 해? 이러면 색깔이 너무 짙어지잖아. 아우, 짜증 나."

하면서 나한테 오히려

짜증을 냈다.

"그럴 거면 네가 가져가든가. 왜 나한테 이래라 저래라야?"

화가 나서 나도 쏘아붙였다.

싸움이 날 것 같자 경아가 중간에 끼어들었다.

"얘들아, 오래 걸리니까 팔 아프지? 나도 아파. 우리 조금만 더 부수고 물들이자. 응?"

경아 때문에 마음이 조금 풀려서 더 말은 안했지만 지은이는 정말 얄밉다.

비폭력 대화 일곱 걸음

"부탁합니다"

지은이가 어떻게 말하면 상원이가 기꺼이 부탁을 들어주었을까요? 앞에서 몸과 마음을 잘 살펴보면 내가 원하는 것이 무엇인지 알아챌 수 있다고 말했습니다. 배고플 때 밥을 먹거나 피곤할 때 쉬는 것처럼 스스로 할 수 있는 일이면 내가 직접 하면 됩니다. 그런데 깜빡하고 챙겨 오지 않은 준비물을 친구에게 빌릴 때처럼 다른 사람의 도움이 필요할 때도 있을 거예요. 그럴때는 어떻게 할까요?

상대방이 어떤 상황인지 먼저 사정을 알아봐야겠지요. 그리고 나서 내가 원하는 것을 말하는 거예요. 그러면 상대방이 그 부탁을 들어줄 가능성이 높아지겠지요? 부탁을 할 때에는 다음 세 가지를 기억합시다.

1. 구체적으로 말하기
▶ 저를 존중해 주세요. → 제 방에 들어올 때는 문을 두드려 주시겠어요?

2. 긍정적으로 말하기
▶ 늦지 마. → 시작 10분 전까지 와 줄래?

3. 의문문 혹은 청유문으로 말하기
▶ 소문내지 마. → 너만 알고 있어 줄래?
　　　　　　　　우리 둘이만 알고 있자.

이번에는 부탁과 강요가 어떻게 다른지 알아볼까요?

부탁	강요
'~할 수 있니?', '~할래?'라고 묻는 말	상대방에게 '~해 줘.', '~해라.' 라고 하는 말
상대가 거절했을 때 그 사람이 원하는 것을 공감할 수 있다.	상대가 거절했을 때 화가 난다.
내가 원하는 것을 위해 상대방의 부탁을 거절할 수 있다.	거절하면 비난이나 벌이 따를 것이라고 생각해서 거절하지 못한다.

친구에게 "청소 당번을 바꿔 줄래?"라고 말했더니 '안 돼.'라는 대답이 돌아오면 어떨까요? 내가 부탁을 했던 것이라면 "사정이 있나 보구나." 하고 이해할 수 있을 거예요. 하지만 거절하는 친구에게 "난 저번에 바꿔 줬잖아."라고 말하거나 "치, 쪼잔해."라고 말한다면 내가 강요하는 마음을 갖고 있었기 때문에 나오는 반응이에요.

평소에 "~해 줄래?"라고 부탁하는 표현을 썼더라도 상대의 거절에 내가 어떻게 반응하고 있는지 가만히 관찰해 보세요. 그 반응을 살펴보면 부탁했는지 강요했는지 알 수 있어요. 자, 그러면 지금까지 배운 비폭력 대화를 함께 연습해 볼까요?

> **〈말하기 - 내 마음을 표현하기〉**
>
> 1. 관찰 - (내가) ~을 볼 때, ~을 들을 때
> 2. 느낌 - (나는) ~을 느껴.
> 3. 필요 - 왜냐하면 (나는) ~이 필요하기 때문이야.
>   　　　　왜냐하면 (나는) ~을 원하기 때문이야.
> 4. 부탁 - ~을 해 줄 수 있니?
>
> **〈듣기 - 상대방의 마음을 알아주기〉**
>
> 1. 관찰 - (네가) ~을 볼 때, ~을 들을 때
> 2. 느낌 - (너는) ~을 느꼈니?
> 3. 필요 - (너는) ~이 필요하니?
>   　　　　(너는) ~을 원하니?

말하기에는 두 가지가 있어요. 속으로 말하는 것과, 소리 내어 말하는 거예요. 소리 내어 말하기 전에 마음속으로 정리를 하고 나서 말하면 편하게 이야기할 수 있어요. 다음 예를 볼까요?

상황1 : 아침에 일어나기 피곤한데 엄마는 밥을 먹고 가야 한다면서 깨울 때

속으로 말하기

1. 관찰 - (나는) '일어나라.'라는 소리를 들을 때
2. 느낌 - (나는) 피곤하고 힘들다.
3. 필요 - 왜냐하면 (나는) 더 자고 싶기 때문이다.
4. 나에게 하는 부탁 - 엄마가 더 자고 싶은 내 마음을 이해해 줄 수 있게 말을 하고 싶다.

이렇게 마음속으로 정리를 하고 나서 엄마에게 말해 보세요. 또, 엄마께 말씀드릴 때는 엄마 몸이나 마음 상태를 살피고 나서 이야기하기 바랍니다. 상대의 몸과 마음을 살피는 것이 '존중'이랍니다.

소리 내 말하기

1. 관찰 - (나는) 엄마, 아침에 '일어나라.'라는 소리를 들을 때
2. 느낌 - (나는) 피곤하고 힘들어요.
3. 필요 - 왜냐하면 5분이라도 더 자고 싶기 때문이에요.
4. 부탁 - 좀 더 잘 수 있게 아침밥은 간단하게 먹을 수 있는 주먹밥이나 콘플레이크가 어떨까요?

상황2 : 학교에 모둠 활동 준비물을 가져오지 않은 것을 뒤늦게 알았을 때

속으로 말하기

1. 관찰 - (내가) 가방에 준비물이 없는 것을 봤을 때
2. 느낌 - (나는) 놀랐고, 당황스럽고, 미안하고, 걱정됐다.
3. 필요 - 왜냐하면 (나는) 모둠 활동이 잘 진행되기를 원하기 때문이다.
4. 나에게 하는 부탁 - 이 상황에서 어떻게 하면 좋을까? 친구들에게 미안함을 전하고 도움을 받고 싶다.

마음속으로 정리가 되면 이런 내 마음을 친구들에게 말로 전할 수 있습니다.

소리 내 말하기

1. 관찰 - (나는) 가방에 준비물이 없는 것을 봤을 때
2. 느낌 - (나는) 당황스럽고 걱정됐어.
3. 필요 - 왜냐하면 나는 모둠 활동이 잘 진행되기를 원하기 때문이야.
4. 친구들에게 하는 부탁 - 준비물을 구할 다른 방법이 있을까?

상황3 : 강아지를 산책시키러 공원에 갔는데 아주머니가 "강아지 산책시키러 나오면서 빈손으로 오는 사람 보면 짜증나."라고 옆 사람에게 말하는 것을 들었을 때

내 마음 알아주기

1. 관찰 - (나는) 저 말을 들으니
2. 느낌 - (나는) 당황스럽고 속상하다.
3. 필요 - (나는) 비닐봉지와 장갑을 준비해서 나왔기 때문이다.
4. 나에게 하는 부탁 - 비닐봉지와 장갑을 다른 사람들이 볼 수 있도록 해야겠다.

상대 마음 추측하기

1. 관찰 - (아주머니는) 나를 보고 (내 바지 주머니에 비닐봉지와 장갑이 든 줄 몰라)
2. 느낌 - (아주머니는) 짜증이 났나 보다.
3. 필요 - (아주머니는) 주거 환경(강아지 똥 처리)에 관심이 많나 보다.

"강요하지 않고 구체적으로 부탁해 보세요"

▶ 1. 부탁과 강요 구분하기

다음 말이 '강요'인지 '부탁'인지 구별해 보세요. 강요하는 말은 부탁하는 말로 바꿔 보세요.

- 그렇게 어린애처럼 행동하지 마라. (부탁, 강요)

- 내가 한 일 중에서 네 맘에 들었던 것을 하나 말해 줄래? (부탁, 강요)

- 학원이 언제 끝날지 모르니 약속 시간에 좀 늦더라도 이해해 줘. (부탁, 강요)

비폭력 대화 일곱 걸음 ··· 119

- 10시 넘어 오게 되면 그 전에 문자를 주기 바란다.(부탁, 강요)

  _____

- 까다롭게 굴지 마라.(부탁, 강요)

  _____

- 30분 먼저 만나서 학원 가기 전에 놀다 가자.(부탁, 강요)

  _____

- 자신 있게 말해 봐.(부탁, 강요)

  _____

▶ 2. 분명하게 부탁해요

다음 말들은 무엇을 부탁하는지가 분명하지 않습니다. 분명한 부탁으로 바꿔 보세요.

    예) 나중에 같이 가자. ➡ 다음 주 토요일에 같이 갈래?

- 조금만 기다려 줘. ➡ _____

- 자세히 좀 말해 줘. ➡ _____

- 네 일은 네 스스로 했으면 좋겠어. ➔

- 다음부터는 일찍 와. ➔

- 빨리빨리 끝내면 좋겠어. ➔

▶ 3. 내 부탁을 들어줄래?

① 둥그렇게 섭니다.
② 오른쪽에 있는 사람에게 한 가지를 부탁합니다. 단, 교실에서 바로 할 수 있는 행동으로 부탁합니다.
　예) 내 어깨를 1분 정도 안마해 줄래?
③ 역할을 바꾸어 오른쪽에 있는 사람이 부탁을 합니다.
④ 이번에는 왼쪽에 있는 사람에게 부탁을 하고 왼쪽에 있는 사람이 부탁을 들어줍니다.
⑤ 역할을 바꾸어 왼쪽에 있는 사람이 부탁을 합니다.
⑥ 활동이 끝난 뒤 부탁을 할 때와 들어줄 때의 느낌이 어땠는지 이야기를 나누어 봅니다.

▶ 4. 거절하기 연습

① 모둠원들끼리 모여 둥그렇게 앉습니다.

② 각자 거절하고 싶었는데 거절하지 못했던 상황을 한 가지씩 이야기해 봅니다.

③ 두 사람씩 짝을 지어 각자 말한 상황을 역할극으로 만들어 봅니다. 한 사람은 부탁을 하고 한 사람은 거절을 합니다.

④ 처음에는 한 사람은 부탁하고, 한 사람은 짧게 거절합니다.

    예) A : 만화책 좀 빌려 줘.

        B : 안 돼.

⑤ 다음에는 거절하는 사람은 미안한 마음을 표현하고, 거절하는 이유를 분명히 이야기합니다.

    예) A : 만화책 좀 빌려 줘.

        B : 미안해. 내가 오늘 읽어야 해서 빌려 줄 수가 없어.

⑥ 역할을 바꾸어 똑같은 활동을 한 번 더 해 봅니다.

⑦ 활동이 끝난 뒤 거절을 할 때, 거절을 받을 때 느낌이 어땠는지 이야기를 나누어 봅니다.

▶ 5. 행복한 착륙

                ＊준비물 : 색상지

① 모둠원끼리 모여 각자 친구를 한 명 떠올리고 색상지에 그 친구에게 바라는 점을 한 가지씩 씁니다.

　예) 민우야, 저번에 말없이 먼저 가서 당황스러웠어. 혹시 나한테 서운한 점이 있으면 어떤 일인지 이야기해 주면 좋겠어.

② 종이를 접어 종이비행기를 만듭니다.
③ 비행기를 만든 후 둥그렇게 서서 눈을 감습니다. 모두가 함께 "하나, 둘, 셋!" 신호를 외치면서 눈은 감은 채 비행기를 멀리 날립니다.
④ 눈을 뜨고 자기 가까이에 떨어진 종이비행기를 하나씩 집어 적혀 있는 내용을 한 사람씩 소리 내어 읽습니다.
⑤ 큰 박수로 활동을 마무리합니다.

8

화가 날 땐 이렇게 말해요

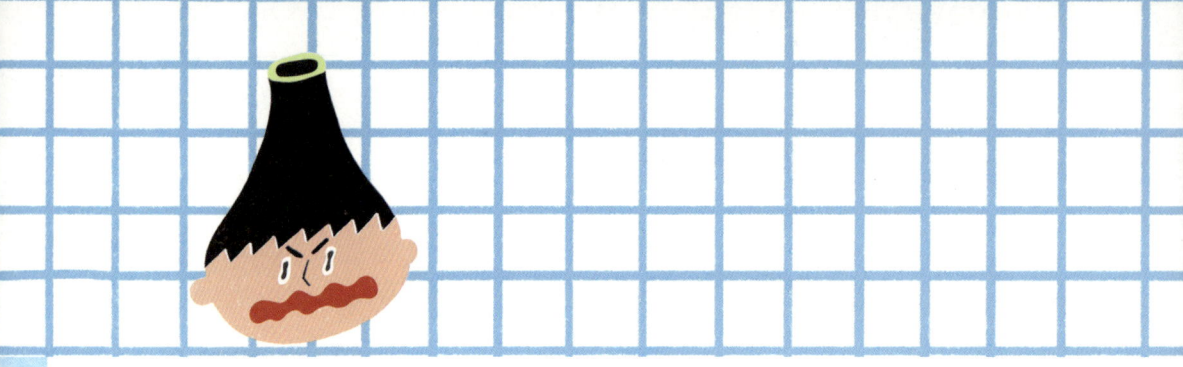

{경아의 일기}

체육 시간에 일어난 일이다. 이어달리기를 하는데 뛰기로 한 아이가 네 명이었다. 우리는 여자 둘, 남자 둘로 뽑는 줄 알고 여자 중에서 달리기를 잘하는 나랑 혜진이 그리고 남자 중에서 잘하는 성진이, 진수를 뽑았다.

그런데 다른 모둠은 남자 여자 구분 없이 잘 달리는 네 명을 뽑고 있었다. 그걸 보고는 성진이가 다짜고짜 나한테 "경아 너, 빠져." 하더니만 "혁준아 네가 들어와." 하는 것이었다. 나는 성진이의 말에 화가 났지만 너무 당황해서 아무 말도 할 수 없었다. 내가 가만히 있

자 혜진이가 나섰다.

"니가 뭔데 빠지라고 그래!"

"얘는 혁준이보다 못 뛰잖아!"

성진이도 소리를 높이며 화를 냈다. 나는 그 말에 더 화가 났다. 혁준이랑 나랑 같이 뛰어 본 적이 없는데 무조건 못 뛴다고 하다니. 자기가 그걸 어떻게 아냔 말이다. 그리고 혜진이한테는 안 그러고 나한테만 빠지라고 하는 것도 억울했다.

"니가 그걸 어떻게 알아? 경아야, 빠지지 마. 우리 같이 뛰어."

혜진이랑 성진이가 싸우자 혁준이가 자기는 안 뛰겠다고 했다.

그러자 성진이는 "경아가 뛰면 난 안 될 거야."라고 말하고 자리로 돌아가 앉아 버렸다. 우리 모둠에서 제일 잘 뛰는 성진이가 안 뛰겠다고 하자 아이들이 나를 쳐다봤다. 나는 눈물이 핑 돌았다. 성진이만큼은 못 뛰지만 그래도 달리기에는 자신이 있는데 왜 무조건 나보고 빠지라고 하는지 이해할 수가 없었다.

우리가 다투는 걸 보신 선생님께서 "체육은 승부를 가리는 게 아니라 몸을 단련하는 게 목표야. 모두가 골고루 그런 기회를 가지려면 어떻게 하는 게 좋을까?"라고 물어보셨다. 아이들이 여러 가지 제안을 했다. 그러다 모둠원 전체가 이어달리기를 하는 것으로 결정이 나서 나도 혁준이도 뛰게 되었다.

뛰기는 했지만 성진이한테 상한 마음이 쉽게 풀리질 않았다. 다른 친구들 앞에서 너는 못 뛰니까 빠지라는 말을 들었다는 것이 분하고 창피했다. 그리고 성진이한테 말 한마디 못 한 내가 싫어졌다. 나는 왜 이럴까? 나도 혜진이처럼 하고 싶은 말을 잘하는 아이면 좋을 텐데…….

비폭력 대화 여덟 걸음

"화가 날 때는 말을 하세요"

1. 화의 소재

2. 화의 원인

경아는 성진이가 하는 말을 듣고 화가 났어요. 뛰고 싶었는데 '빠지라.'는 말을 들었기 때문이에요. 화는 기대한 것이 어긋났다는 신호입니다. 성진이가 한 말에 경아는 자극을 받았는데, 화가 난 것은 경아가 한 생각 때문이에요. '왜 내가 빠져야 해.', '친구들 앞에서 빠지라는 말을 들었다.'라는 생각이 화를 일으킨 것이지요. 화는 '누구' 때문이 아니라 '내가 갖고 있는 생각' 때문이에요. 성진이가 아닌 다른 친구가 그 말을 했더라도 경아가 위와 같은 생각을 한다면 화가 났을 테니까요.

화가 났을 때 경아처럼 아무 말도 하지 못하는 사람은 억울함이 계속 쌓여요. 반대로 소리를 지르거나, 욕을 하거나, 뒤에서 흉을 보는 사람도 있어요. 그런데 화가 났을 때 내키는 대로 말하거나 행동하고 나면 어떤가요? '그때 좀 참을 걸.' 하는 생각이 드는 때도 있지요.

화가 난 순간에 화난 마음을 알아차리는 게 중요해요. 내가 왜 화가 나는지, 그때 내 몸에서 어떤 반응이 일어나는지를 아는 거예요. 그렇게 화난 마음을 알아차릴 수 있게 되면 화는 쑤욱 내려갑니다.

화

▶ 내가 세운 원칙이나 판단이 어그러지거나, 원하는 일이 이루어지지 않았기 때문에 화가 난다.

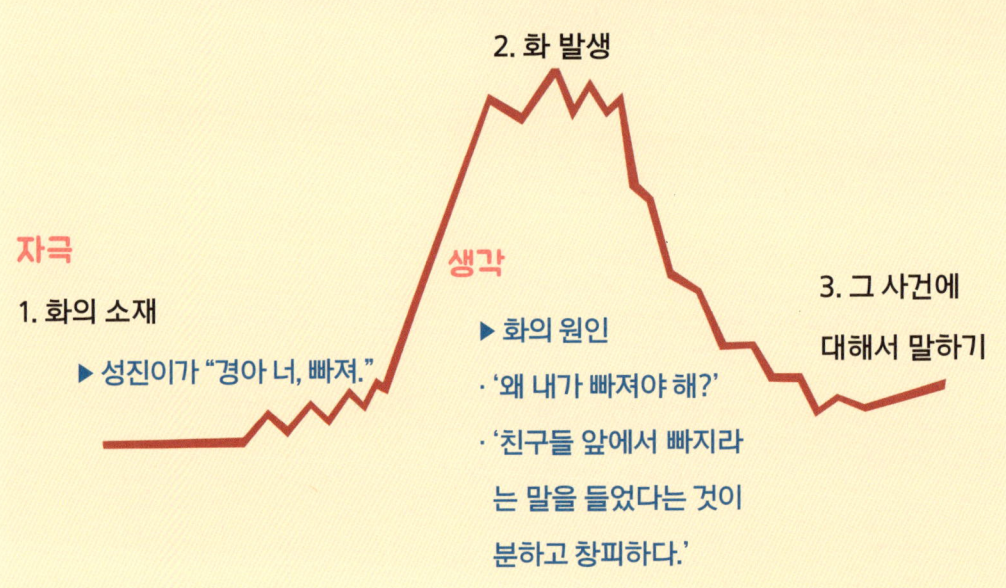

'화'가 꼭 나쁘기만 한 것은 아니에요. 화는 자연스러운 감정이므로 억누를 필요가 없어요. 표현하지 못하고 안으로 쌓이면 갑자기 엉뚱한 데서 터지거나 병을 일으키기도 하니까요. 그래서 화를 제대로 표현하는 것이 중요합니다. 이제 어떻게 하면 화를 제대로 표현할 수 있을지 알아볼까요?

1. 화를 잘 다스리기

① 화가 나는 순간 알아차리기

내가 언제 화가 나는지 메모를 하면 도움이 돼요.

② 가슴을 들어올렸다, 내렸다 크게 심호흡 세 번 하기

　뇌에 산소가 충분히 공급되어 화가 많이 가라앉아요.

③ 상황이 격해지면 일단 자리 피하기

　"잠시 후에 말하자."라고 말해 보세요.

④ 화를 일으킨 생각을 찾기

　무엇 때문에 화가 났는지, '내가 ~라고 생각하는구나.' 하고 화를 일으킨 내 생각을 찾아보세요.

⑤ 내가 무엇을 원하고 있는지, 필요로 하는지 찾아봅니다.

⑥ 가능하면 상대 마음을 추측해 보기

　'뛰고 싶다.', '존중받고 싶다.', '우리 모둠이 경기에서 이겼으면 좋겠다.', '상대가 나에게 하는 말이나 행동은 나를 두고 하는 말이 아니다.', '상대가 기대하고 있는 것이 어그러졌기 때문이다.'

2. 그 사건에 대해 말하기

　① 화를 알아차리고 나면 상대에게 대화를 청해 봅니다. 단, 편안하게 말할 수 있을 때 하세요. 경아가 성진이에게, 성진이가 경

아에게 대화를 청할 수 있습니다.

② 그 사람을 찾아가서 나의 마음과 상태를 솔직하게 말해요. 특히 "네가 ~해서"라는 식으로 상대방에 대한 원망을 담지 말고 내 얘기만 하는 것이 중요해요. 경아라면 "그날 성진이 네가 빠지라고 해서"라고 말을 시작하지 않고 "나는 '경아 너, 빠져.', '혁준아 네가 들어와.'라는 말을 들었을 때"라고 '나'로 말을 시작해서 내 마음이 어땠는지 말합니다.

③ 그리고 상대방의 이야기를 들어 보세요. 모둠 달리기를 하던 날 상원이는 어떤 마음이었는지를 판단하거나 평가하지 않고 그대로 들어 봅니다.

어떤가요? 억울함을 속에 담아 두는 것보다 나을 것 같나요? 이렇게 해도 화가 스르르 풀리는 것은 아닐 거예요. 화를 잘 다스리고, 효과적으로 화를 내는 것도 연습이 필요한 일이니까요.

처음에는 어색해도 용기를 내어 계속 시도해 보세요. 그러다 보면 침묵하거나 화를 상대방에게 퍼붓는 것보다 더 나은 해결 방법을 찾을 수 있을 거예요.

"화를 내는 데도 방법이 있어요"

▶ 1. 내 몸 어디가 긴장하고 있을까?

① 둥그렇게 모여 앉거나 드러눕습니다.
② 호흡에 집중하여 배가 들어가고 나오는 것을 느껴 봅니다.
③ 숨을 내쉴 때 1에서 10까지 셉니다. 두 번째 내쉴 때는 10에서 1까지 셉니다. 홀수 내쉬기 때는 1에서 10까지, 짝수 내쉬기 때는 10에서 1까지 셉니다.
④ 몸 어디에 긴장이 있는지 찾아봅니다. 어깨에 힘이 들어가 있는지, 입을 앙다물고 있는지, 가슴이 답답한지, 발가락을 굽히고 있는지 찾아보세요. 어떤 기억이 우리 몸을 짓누르고 있는지도 몰라요. 차분히 그것을 찾아봅니다.
⑤ 긴장하고 있는 부분에 가만히 손을 댑니다.

⑥ '이곳이 긴장하고 있네.' 하고 속으로 말합니다.

⑦ 긴장이 풀릴 때까지 부드럽게 손을 대고 있습니다.

▶ 2. '화난맨'이 되어 봅시다

> * 준비물 : 종이, 크레파스, 가위, 고무 밴드

① 모둠별로 모여 앉은 뒤 각자 종이에 화난 표정의 가면을 만들어 봅니다. 얼굴 모양을 오리고 눈과 귀에다가 구멍을 뚫어 고무 밴드를 넣어서 귀에 걸 수 있게 만듭니다.

예)

② 각자가 만든 가면을 쓰고 화난맨이 되어 화가 났던 사건에 대해 한 사람씩 돌아가며 이야기해 보세요. 옆 사람이 다음 질문을 해 줍니다.
- 어떤 상황이었나요?
- 상대방이 어떤 말을 하고 어떻게 행동했나요?
- 그때 내 머릿속에 어떤 생각이 떠올랐나요?

- 나는 어떻게 말하고 행동했나요?
- 내가 원한 것은 무엇이었나요?

③ 활동이 끝나면 가면을 쓰고 이야기를 털어놓았을 때의 느낌이 어땠는지를 나눠 봅니다.

④ 활동하면서 느낀 것, 알게 된 것, 배운 것을 나눠 봅니다.

▶ 3. 삐뽀삐뽀 나만의 응급처치법

① 모둠별로 둥그렇게 모여 앉습니다.

② 한 사람씩 화가 났을 때 할 수 있는 '나만의 응급처치법'을 말하고, 발표하면서 몸으로 동작도 보여 주세요. 어떤 효과가 있었는지도 말합니다.

 예) 심호흡을 한다. → 화가 누그러진다.
   셋째 손가락을 잡는다. → 마음이 안정된다.

③ 다른 사람들은 동작을 따라서 해 봅니다.

④ 친구들이 발표한 응급처치법 중에 내가 활용해 보고 싶은 것이 있는지 이야기를 나누어 보세요.

▶ 4. 화가 날 때 몸에서는 어떤 일어나고 있을까요?

*준비물 : 전지, 다양한 색깔의 크레파스나 사인펜

① 모둠별로 모인 다음 전지를 바닥에 놓고 그 위에 한 사람이 누우면, 모둠원 한 명이 크레파스나 사인펜으로 그 사람의 몸 테두리를 따라 종이에 선을 그립니다.

② 누워 있던 사람이 일어나면 모두 함께 전지에 눈, 코, 입, 손, 발가락 등을 그려서 사람의 모습을 완성합니다.

③ 그려진 모습이 자신이라 생각하고 화가 났을 때 그림 위의 몸 어디에서 어떤 일이 일어나는지를 적어 봅니다.

　예) 손 → 꽉 움켜쥔다. 입 → 앙다문다.

④ 다양한 색깔의 크레파스나 사인펜을 이용해 느낌의 크기가 크고 강한 곳에는 더 큰 글씨로, 느낌이 작고 약한 곳에는 작은 글씨로 표현해 봅니다.

⑤ 활동이 끝나면 전지를 벽에 붙이고 다른 모둠의 결과물도 확인해 봅니다.

⑥ 활동하면서 느낀 것, 알게 된 것, 배운 것을 나눠 봅니다.

▶ 5. 평화로운 우리 반 만들기

> * 준비물 : 전지, 다양한 색깔의 굵은 펜이나 매직

① 4번의 활동처럼 모둠별로 모여 전지에 한 사람이 누우면 그 사람의 몸 테두리를 따라 선을 그립니다.
② 모둠원들 모두 펜을 들고 전지에 그려진 몸 안쪽에는 우리 반에서 함께 생활하는 데 필요한 행동이나 태도를 적고, 몸 바깥쪽에는 우리 반에 해로운 행동이나 태도에 대해 적어 보세요. 그림으로 표현해도 됩니다.
   예) 욕을 하는 친구 입에서 화살이 나가는 모습
③ 다른 모둠의 활동 결과물을 함께 보면서 우리 반에서 꼭 필요한 행동이나 태도에 대해 서로의 생각을 충분히 나눠 봅니다.
④ 활동이 끝나면 전지를 벽에 붙여 둡니다. 생활하면서 언제든지 새롭게 필요로 하는 행동이나 태도가 떠오르면 추가로 적어 넣으세요. 가끔씩 그림을 보면서 내가 친구들을 어떻게 대하고 있는지에 대해서 관찰해 봅니다.

9

칭찬도 비난도 똑같아요

{혁준이의 일기}

오늘은 정말 학원에 가기 싫었다. 진수 생일이라서 다들 진수 집에 모여 생일 파티를 한다는데 나는 학원 시간 때문에 갈 수가 없었다. 몇몇 아이들은 학원을 안 가고 진수 집에 간다고 했다. 나도 엄마한테 학원을 빠지고 싶다고 말하고 싶지만 그래 봤자 들어주지 않으실 게 뻔했다.

학교 끝나고 축 처진 어깨로 집에 들어왔더니 엄마가 "우리 아들, 오늘 공부 잘했어? 이제 간식 먹고 학원 가야지?"라고 하시는 거다. 집에 들어오자마자 학원에 가라는 말부터 들었더니 기분이 안 좋아져서, "엄마, 나 오늘 학원 빠지면 안 돼?"라고 물어보았다.

엄마는 눈이 동그래지셔서는 "왜? 무슨 일 있어?" 하시는 거다.

"아니, 애들 다 진수 집에 모여서 생일 파티하거든. 닌텐도 게임도 하고 유희왕 카드 놀이도 하고 재미있게 놀 건가 봐."

그랬더니 엄마는 내 어깨를 두드리며 침착하게 말씀하셨다.

"혁준아, 너는 참을성이 강한 아이잖아. 지금까지 엄마 속을 한 번도 썩인 적이 없는 착한 아이기도 하고. 엄마는 그런 네가 언제나 자랑스러워. 엄마 친구들은 만나면 맨날 아들, 딸들이 말 안 듣고, 속 썩이고, 공부 안 하는 이야기로 한숨만 쉬는데 엄마는 늘 네 자랑만 해. 네가 학원 안 다니겠다는 말도 안 하고 열심히 공부하는 것을 보면서 '역시 우리 아들이야.' 그렇게 생각하지. 우리 아들, 정말

대단해. 다른 아이들과 달라. 그러니까 힘을 내자!"

　나는 아무 말도 할 수가 없었다. 차라리 화를 내시면 대들면서 싸우기라도 할 텐데 칭찬만 계속 하시니 할 말이 없어진다.

　나는 더 말 못하고 학원 가방을 메고 터덜터덜 학원으로 갔다. 학원에 앉아 있으면서도 친구들이 재미있게 놀고 있는 모습이 떠올라서 속이 상했다. 엄마는 이런 내 마음을 모르겠지…….

비폭력 대화 아홉 걸음

"칭찬과 비난"

엄마가 "너는 참을성이 강한 아이잖아."라며 칭찬을 시작하셨을 때 그 말을 듣는 혁준이 마음은 어땠을까요? 분명 칭찬을 들었는데, 혁준이는 속상한 마음으로 학원에 갔지요. 여러분은 누군가에게 칭찬을 받거나 비난을 들으면 어떤가요? 칭찬을 들으면 신 나고 뿌듯하지만, 비난을 들으면 슬프고 화가 날 수도 있을 거예요. 칭찬은 좋은 것이고, 비난은 나쁜 것이라고 생각하기 쉽지요. 그런데 정말 그런 걸까요?

『너는 특별하단다』라는 책에 담긴 이야기를 소개해 볼게요. 이 책에 나오는 인물들은 만나는 사람에게 서로 별표(칭찬)나 점표(비난)를 붙이며 하루를 보냅니다. 사람들은 별표를 받으면 우쭐해져서 하나라도 더 받으려고 애를 쓰고, 점표를 받으면 우울하고 두려워져서 다른 사람들을 피하게 됩니다. 그런데 표의 비밀이 밝혀집니다. 별표도 점표도 그것을 받은 사람이 떼어 내지 않기 때문에 붙어 있는 거라는 이야기였어요.

칭찬이나 비난의 비밀을 알게 되면 그 말을 듣고 우쭐하거나 부끄러워하지 않게 될 거예요. 왜냐하면 칭찬과 비난은 그 자체로 좋거나 나쁜 것이 아니라, 제대로 표현하고 제대로 들을 때 서로에게 이롭기 때문입니다. 어떻게 하면 제대로 표현하고 들을 수 있을지, 함께 배워 볼까요?

1. 칭찬이나 비난에 숨은 뜻

우리는 '칭찬은 좋은 것, 비난은 나쁜 것.'이라고 생각하기 쉬워요. 누군가를 비난하는 것은 상대방의 마음에 상처를 주는 일이지만, 칭찬하는 것은 상대방을 위하는 마음이라고 여기기 때문이에요. 그러나 칭찬이 항상 상대방을 위하는 것은 아닙니다. 칭찬이나 비난에는 아래 표처럼 숨은 뜻이 있을 때도 많거든요.

착하다.	내 말대로 한다. 내 뜻을 잘 따른다.
못됐다.	내 말대로 하지 않는다. 내 뜻을 따르지 않는다.
잘한다.	내가 원하는 대로 한다.
못한다.	내가 원하는 대로 하지 않는다.

2. 칭찬과 비난 제대로 듣기

칭찬과 비난을 제대로 듣는다면 칭찬 때문에, 혹은 비난 때문에 내 감정을 숨기고 원하지 않는 말이나 행동을 억지로 하지 않을 수 있어요. 칭찬하거나 비난하는 말에 담긴 속뜻을 알아봅시다.

〈칭찬 제대로 듣기〉

상황	칭찬	속뜻
설거지를 해 놨을 때	내 딸 효녀야.	도와주어 고맙다.
오카리나 곡을 외워서 연주했을 때	대단하다, 천재야.	사흘 만에 외우다니 놀랍다.
지훈이가 골을 넣었을 때	지훈이 최고!	동점이 되어 신 난다!

〈비난 제대로 듣기〉

상황	비난	속뜻
피아노 연주를 했을 때	잘난 체한다.	부럽다. 나도 그렇게 잘 연주하고 싶다.
활동이 늦어져서 뒷정리를 했을 때	너 때문에 늦었어.	제시간에 마치고 집에 가기를 원했다.
그릇을 깼을 때	조심성이 없다.	위험해서 걱정스럽다.

3. 칭찬과 비난 다르게 하기

이번에는 칭찬을 다르게 비난을 다르게 하는 말하기를 연습해 볼까요?

상황1 칭찬을 다르게

청소 당번인 친구가 가 버려서 혼자 청소하고 있는데 다른 친구가 도와줘서 "넌 진정한 내 친구야. 넌 정말 좋은 친구야."라고 말하고 싶을 때

1. 먼저 내 마음을 알아줍니다
- ▶ 느낌 - 고맙고, 따뜻하고, 정겹고, 힘이 나는
- ▶ 원하는 것 - 고맙다고 말하고 싶다. (감사, 우정, 도움)

2. 말로 합니다
- ▶ 관찰 - 지우야, 혼자 청소하고 있는데 네가 교실로 들어와서 책상 줄을 맞춰 줬을 때
- ▶ 느낌 - 마음이 따뜻해지고 힘이 났어.
- ▶ 필요 - 도와줘서 고마워.

상황2 비난을 다르게

친구가 빌려 간 리코더를 돌려주지 않아서 "넌 책임감이 없어. 남 생각은 안 하니?"라고 말하고 싶을 때

1. 먼저 내 마음을 알아줍니다

- ▶ 느낌 - 당황스러운, 속이 상한, 걱정스러운
- ▶ 원하는 것 - 리코더를 돌려받고 싶다.(믿음, 배려, 예측 가능성)

2. 말로 합니다

- ▶ 관찰 - 우진아, 리코더 빌려 간지 일주일이 지났어.
- ▶ 느낌 - 걱정돼.
- ▶ 필요 - 내일 음악 시간이 있어서 연습하려고 그러는데
- ▶ 부탁 - 오늘 돌려받을 수 있을까?

▶ 1. 해 본 적 있나요?

① 모둠끼리 모여 둥그렇게 섭니다. 가운데에 분필로 원 모양을 그려 '고백의 자리'를 만듭니다.
② 술래를 한 사람 정하고, 술래는 원 가운데 고백의 자리에 섭니다.
③ 술래가 된 사람은 "~을 해 본 적이 있나요?"라고 큰 소리로 말합니다. 자신이 실제로 경험한 일을 토대로 질문을 만듭니다.
　예) "가출하고 싶었던 적이 있나요?", "학교에서 방귀를 뀌어 본 적이 있나요?", "친구 때문에 울어 본 적이 있나요?"
④ 술래와 같은 경험을 해 본 적이 있는 사람은 모두 술래가 서 있던 고백의 자리를 한 번 밟은 뒤에 방금 전 자신이 서 있던 자리 말고 다른 자리로 갑니다. 이때 술래는 사람들이 이동하면서 생긴 빈자리로 가세요.

⑤ 자리를 차지하지 못한 사람이 자연스럽게 다음 술래가 됩니다. 새롭게 술래가 된 사람이 새로운 질문을 하면서 활동이 계속됩니다.

⑥ 활동하면서 느낀 것, 알게 된 것, 배운 것을 나눠 봅니다.

▶ 2. 성장의 원

① 모둠별로 모여 분필로 바닥에 아래와 같이 원을 세 개 그려 봅니다. 모둠원들이 자유롭게 들어갈 수 있는 크기로 그리세요.

안전 영역 : 편안하고 불안이 없는 공간
성장 영역 : 긴장 구역, 감각이 살아나며 약간의 불안감이 있는 공간
공포 영역 : 긴장감이 높아진 구역, 불안하고 두려운 공간

② 진행자가 하나의 상황을 불러 주면 자신이 느끼는 대로 영역을 선택해 원 안으로 들어갑니다. 진행자가 새로운 상황을 불러 주면 또 자신이 느끼는 대로 영역을 이동합니다. 진행자는 아래의 예를 참고하여 열 가지 이상의 상황을 제시해 보세요.
- 교실에서 거미를 보았다.

- 숲길을 걷다 뱀을 만났다.
- 반 전체 앞에서 발표를 한다.
- 친구가 했던 말이나 행동에 대해 속마음을 물어본다.
- 부모님, 선생님께 느끼는 불편함을 솔직하게 얘기한다.
- 내일이 시험이다.
- 처음 만난 사람에게 나를 소개한다.
- 담임 선생님을 떠올린다.
- 체육 시간이 다가온다.
- 음악 시간에 노래를 불러야 한다.

③ 활동이 끝난 뒤에 모둠원들과 다음과 같은 내용으로 이야기를 나누어 봅시다.

- 진행자가 제시한 상황 외에도 내가 가장 편안할 때와 가장 불안할 때는 언제인가요?
- 다른 사람과 자기 선택을 비교해 보니 어떤 생각이 드나요?
- 어떻게 하면 압박을 덜 받으면서 공포 영역에서 성장 영역으로 갈 수 있을까요?
- 내가 성장하는 데 누가 격려나 응원을 해 준 적이 있었나요?
- 두려움을 극복하고 도전하여 성장했던 경험이 있나요?

▶ 3. 사랑의 편지 쓰기

> * 준비물 : 사인펜, 종이, 빨래집게

① 모두 모여 빨래집게로 종이를 서로의 등에 고정시킵니다.
② 한 사람을 진행자로 정한 뒤 진행자가 "시작!" 하고 신호를 보내면 참가자들은 돌아다니면서 서로의 등에 칭찬을 써 줍니다. 친구의 장점, 잘한 점, 고마운 점을 떠올려 보세요. 글을 쓰는 동안 내 마음이 어떤지도 살펴봅니다.
③ 다 적고 나면 서로 등에 붙어 있는 종이를 떼어 주고, 각자 자기 것을 읽어 봅니다.
④ 읽고 나서 종이에 적힌 말 중 마음에 드는 것, 인상적인 것, 잘 몰랐다가 알게 된 것 중 하나를 골라 그 이유를 한 사람씩 돌아가며 발표합니다.
⑤ 친구들이 써 준 글에 스스로 덧붙이고 싶은 것을 적습니다. 나만이 발견할 수 있는 나의 장점이나 긍정적인 면을 찾아보세요. 티끌만한 것이라도 적습니다.
  예) 입이 커서 한 입에 음식을 먹을 수 있다. 눈이 작아서 먼지가 잘 들어가지 않는다. 낙천적이어서 별 걱정이 없다.
⑥ 각자가 스스로에 대해 어떤 점을 썼는지 벽에 붙이고 읽어 봅니다. 내가 미처 발견하지 못했던 나의 장점, 친구의 멋진 점을 확인해 보세요.
⑦ 활동하면서 느낀 것, 알게 된 것, 배운 것을 나눠 봅니다.

▶ 4. 나는 내가 참 좋아

① 내 외모, 성격, 잘하는 것, 자랑스러운 점, 들었던 칭찬 중 한 가지를 고릅니다.

② 자신이 고른 것에 대해 구체적으로 써 봅니다.

③ 지금 그것을 떠올릴 때 어떤 느낌이 드나요?

④ 어떤 필요가 충족되나요?

⑤ "○○아~"와 같이 내 이름으로 시작해 나에게 보내는 편지를 씁니다. 편지에는 ①~④까지 적었던 내용을 문장으로 옮깁니다.

⑥ 친구들 앞에서 한 사람씩 소리 내어 편지를 읽습니다.

⑦ 발표가 끝날 때마다 친구들은 큰 박수로 지지해 줍니다.

나에게 쓰는 사랑의 편지

군가가 밉거나 원망스러울 때는 몸으로 관심을 가져 갑니다. 불안하고, 두렵고, 짜증 나고, 화나는 느낌들이 몸 어디에서 어떻게 일어나고 있는지 주의를 기울여 보세요. 그리고 어떤 생각이 그런 느낌을 만들고 있는지도 찾아봅니다.

이렇게 속마음을 알아주면 느낌이 변해요. 울적하고 우울하고 마음이 한없이 가라앉을 때, 찬찬히 마음을 들여다보면 우리 마음 깊숙한 곳에는 안타까움이나 슬픔 같은, 처음 느꼈던 느낌과 전혀 다른 느낌들도 있답니다. 그런 느낌들을 찬찬히 보며 자신이 정말로 원하는 것이 무엇인지 찾아보세요.

처음 느낌대로라면 "난 아무것도 할 수가 없어."라고 말하겠지만, 잠시 깊은 숨을 쉬고 자기 마음 깊은 곳을 들여다보면 "나는 풍부한 상상력이라는 내 재능을 살리고 싶어."라는 마음속 이야기를 들을 수 있어요. 이게 바로 내 마음과 공감하는 거예요. 내 마음을 알아주면, 그 자체로 지금 느끼는 불안과 두려움, 속상함이 다른 감정으로 변한답니다.

우리의 마음은 아주 자그마한 일에도 다치는 때가 있어요. 그렇게 마음이 아플 때면 내 마음을 알아주는 시간을 가져 보세요. 친구한테 "너, 그런 애였니?"라는 말을 듣는다면 "내가 어때서?"라고 공격하거나 "나한테 문제가 있나 봐." 하고 자책하기보다는

 당황스럽고, 서운하고, 속상한 내 마음을 먼저 알아줍니다. 그러면 친구 역시 나에게 실망했고 야속한 마음을 느꼈기 때문이라는 것을 알 수 있을 거예요.

하지만 이렇게 상대방의 말에 공감하면서 듣는 것이 쉽지는 않아요. 상대방의 말에 공감이 되지 않는 것은 내 몸이 힘들거나 마음이 아프기 때문이거든요. 그럴 때는 먼저 내 마음을 알아줘서 내게 무엇이 필요한지를 찾아봅니다. 너무 힘들면 "다음에 말하자."라고 하거나 혹은 "함께 걷고 난 후 다시 말해 보자."라고 제안하는 것도 한 방법이에요. 걷거나 장소를 옮기면 그 순간에 느끼던 느낌들로부터 잠시 벗어날 수 있거든요. 그러면 말하고 듣기가 좀 더 편안해질 수 있어요.

공감을 하고 나면 좀 더 편하게 말할 수도 있어요. 지금 당장 이렇게 하지 못해도 괜찮아요. 우리가 무언가를 잘하고 싶을 때 많은 연습이 필요한 것처럼, 공감하는 능력을 키우는 데에도 연습이 필요하니까요. 상한 내 마음을 알아주는 연습을 하다 보면 상처를 주는 일도, 상처를 받는 일도 점점 줄어들 거예요.

마음은 연약해서 상처받기 쉽지만 그 마음을 알아주면 신기할 정도로 회복이 빠르답니다. 그리고 그때마다 마음의 근육이 튼

튼해지는 것을 느끼게 될 거예요.

마음 근육이 튼튼해지면 놀라운 일이 벌어진답니다. 내가 힘들고 어려운 일을 통해 배우고 성장한다는 것을 알게 될 거예요. 억울하고, 분하고, 슬프고, 괴로울 때 이렇게 속으로 외쳐 보세요. '그래, 이 일로 나는 어떤 마음의 근육을 만들게 될까?'라고요.

지금까지 우리는 열 명의 친구들이 겪은 이야기를 통해 비폭력 대화를 배워 보았습니다. 그중에는 '나와 정말 비슷한 고민을 하는구나.' 하고 공감이 되는 이야기도 있고, '저렇게 말하지 않았으면 좋았을 텐데.'라는 생각이 드는 이야기도 있었을 거예요. 함께 알아본 비폭력 대화의 방법 중에도 '이 정도는 나도 해 볼 수 있겠네.' 하는 것이 있는가 하면, '이런 건 아직 어려워.' 하는 생각이 드는 것들도 있겠지요.

여러분이 관계에서 힘들고 어려운 일을 겪을 때, 제대로 전하지 못한 말들이 마음에 쌓여 답답할 때, 아무도 내 마음을 알아주지 않는 것 같아 슬프고 외로울 때 책에 적힌 방법들을 하나라도 실천해 보기를 권합니다.

처음부터 잘 걷고, 빨리 달리고, 높이 뛸 수 있는 사람은 없습니다. 아기들이 걸음을 배울 때 처음에는 배로 바닥을 밀며 기어다니다가 그것이 익숙해지면 기우뚱거리며 앉고, 그다음에야 무언가를 의지하고 설 수 있잖아요. 한 걸음 떼다가 엉덩방아를 찧기도 하고요. 무언가를 배우려면 이렇게 넘어지고 실수하는 과정을 겪습니다.

비폭력 대화도 마찬가지랍니다. 뒤뚱뒤뚱 첫 발을 떼며 걸음마를 배웠던 것처럼 서툴고 어색해도 새롭게 배운 말하기와 듣기를 조금씩 실천하다 보면, 어느 순간 더 편안하게 대화하는 자신을 마주할 수 있을 거예요. 그렇게 하다 보면 기쁘고 즐거울 때도, 괴롭고 힘들 때도 이렇게 말할 수 있을 거예요.

"지금 이 순간이 내 인생에서 가장 빛나는 순간이야. 살아 있기 때문에 이 모든 것을 경험할 수 있으니까."라고 말이에요.

▶ 1. 바람처럼 해초처럼

① 자유롭게 걸어 다녀 보세요. 머리카락이 날릴 정도로 빨리도 걸어 보고, 천천히도 걸어 봅니다.

② 친구들 사이를 지나 이곳저곳을 걸어 다녀 봅니다.

③ 울적하고 자신감이 없을 때는 손을 허리 뒤에다 놓고 뒷짐을 턱 지고, 어깨를 쫙 피고, 턱을 가볍게 올리고 빨리 걸어 다녀 보세요. 기운이 납니다.

④ 마음이 들떠서 차분해지고 싶을 때는 양팔을 가슴에 얹고 천천히 걸어 봅니다. 척추를 똑바로 세우면 균형을 잘 잡을 수 있어요. 마음이 고요하게 가라앉을 거예요.

▶ 2. 마음의 방 청소하기

① 두 명씩 짝을 지어 이야기를 나눕니다. 어린 시절 이야기나 최근에 겪었던 사건 중 화가 났거나 억울했거나 슬펐던 일들을 떠올려 봅니다.
② 한 사람이 먼저 자신의 이야기를 합니다. 듣는 사람은 말하는 사람이 말을 마칠 때까지 가만히 들어 줍니다. 말이 끝나면 들은 사람은 말한 사람의 느낌이 어떤지, 원하는 것은 무엇인지 추측해서 말해 줍니다. 느낌과 필요를 잘 모르겠으면 말한 사람에게 물어봅니다.

예) A : 어제 있었던 일이야. 동생이 내가 아끼는 색연필을 빌려 갔다가 부러뜨렸어. 미안하다고 말해도 화가 풀릴까 말까인데, 뭐라고 하니까 울면서 "내가 일부러 그랬어?" 이러는데 정말 황당했어.

B : 엄청 화가 났었겠구나. 동생이 사과하기를 바란 거니?

③ 역할을 서로 바꾸어 말하고 들어 줍니다.
④ 활동하면서 느낀 것, 알게 된 것, 배운 것을 나눠 봅니다.

▶ 3. 내 비밀은 말이야

*준비물 : 종이, 펜, 집게나 테이프

① 한 사람이 종이를 두 장씩 갖습니다.

② 각자 종이 한 장에 자신의 비밀 한 가지를 쓰세요. 단, 다른 사람들이 알아도 되는 비밀만 씁니다. 비밀이 없으면 요즘의 고민거리나 다른 사람들은 잘 모르는 나에 관한 어떤 사실 한 가지를 쓰면 됩니다.

　예)건망증, 다리 떨기, 짝사랑 등

③ 비밀은 되도록 짧게, 큰 글씨로 씁니다. 쓰는 동안 다른 사람에게 보여 주지 않습니다.

④ 종이에 자기 비밀을 다 쓰면, 진행자는 집게나 테이프를 들고 비밀 종이를 그 사람 등에 붙여 줍니다. 다른 사람들이 비밀 종이를 볼 수 없도록 모두 벽 쪽으로 등을 대고 서 있도록 합니다.

⑤ 진행자가 '시작!'이라고 외치면, 종이와 펜을 들고 돌아다니면서 다른 사람의 등에 붙어 있는 비밀을 읽어 보고 종이에 적습니다. 모두 다른 사람들이 지나갈 수 있도록 벽에서 1미터 이상 떨어져서 움직입니다.

⑥ 참가자들이 어느 정도 서로의 비밀을 적으면 진행자는 '그만!'이라고 외칩니다. 활동을 멈추고 둘러앉아서 알게 된 비밀에 관해 이야기를 나눕니다. 얼마나 많은 수의 비밀을 적었는지, 자기가 적은 비밀 목록 가운데 사연이나 내용이 궁금한 것은 무엇인지, 자기 비밀에 대해 하고 싶은 이야기 등을 함께 나눠 봅니다.

▶ 4. 우리는 서로에게 선물!

① 모둠별로 모여 친구들이 나에게 해 주었으면 하는 행동이나 말을 쪽지에 적습니다. 지금, 여기에서 가능한 것을 적습니다. 쪽지는 아무도 볼 수 없게 접어 둡니다.

   예)
- 나를 업고 한 바퀴 도세요.
- 내 이름으로 멋진 삼행시를 지어 주세요.
- "○○○ 만세!"라고 세 번 외쳐 주세요.
- 오징어가 구워지는 모습 흉내 내 주세요.
- 내 어깨를 열 번 주무르고 내 등을 열 번 시원하게 토닥거려 주세요.
- 10초 동안 애교를 보여 주세요.
- "너는 이 세상에서 가장 소중한 사람이야."라고 큰 소리로 세 번 외쳐 주세요.
- 나에 대한 칭찬을 세 가지 말해 주세요.

② 접은 쪽지를 잘 섞은 뒤 모둠원들이 하나씩 나눠 가집니다. 쪽지는 다른 사람에게 보여 주지 않고 혼자 확인합니다.

③ 자유롭게 돌아다니다 한 사람을 정해 가위바위보를 합니다. 이긴 사람이 쪽지를 건네면 진 사람은 쪽지에 적혀 있는 내용을 말로, 행동으로 옮깁니다.

④ 진 사람이 이긴 사람 쪽지의 과제를 마치면 쪽지를 서로 바꾼 뒤에 새로 가위바위보를 할 사람을 만나러 출발합니다. 새로 만난 사람과 마찬가

지로 활동을 합니다.

⑤ 최대한 여러 사람을 만나 활동을 해 보세요. 쪽지가 계속 바뀌니까 만났던 사람을 다시 만나도 상관없습니다.

⑥ 활동하면서 느낀 것, 알게 된 것, 배운 것을 나눠 봅니다.

▶ 느낌말 목록

원하는 것을 충족하지 못했을 때	원하는 것을 충족했을 때
심심한, 따분한, 피곤한, 지친 답답한, 신경 쓰이는, 부담스러운, 귀찮은, 고통스러운, 괴로운, 가슴 아픈, 속상한, 억울한, 원망스러운 외로운, 쓸쓸한, 허전한, 서글픈, 목이 메는, 그리운, 시큰둥한 오싹한, 진땀 나는, 가슴이 철렁하는, 아찔한, 멍한, 무서운, 두려운 어리둥절한, 난처한, 서먹한, 미안한, 당황스러운, 부끄러운, 쑥스러운, 어색한 울화가 치미는, 화나는, 분한, 짜증 나는 언짢은, 맥 빠진, 실망한, 섭섭한, 서운한, 서러운, 씁쓸한, 절망스러운 혼란스러운, 의아한, 얼떨떨한, 마음이 두 갈래인, 망설이는 울적한, 슬픈, 안쓰러운, 안타까운, 후회스러운, 아쉬운, 코끝이 찡한, 눈시울이 뜨거워지는	가슴 뭉클한, 감격스러운, 감탄스러운, 고마운 황홀한, 날아 갈 것 같은, 들뜬, 기쁨이 넘치는, 설레는, 신 나는, 짜릿한 푸근한, 따뜻한, 애틋한, 정겨운, 훈훈한 고요한, 차분한, 마음이 놓이는, 맑은, 안심되는, 편안한, 한가로운, 느긋한, 든든한 재미있는, 상쾌한, 흡족한, 흐뭇한, 흥겨운, 통쾌한, 시원한, 행복한, 홀가분한, 개운한 당당한, 자랑스러운, 자신만만한, 떳떳한, 뿌듯한, 의기양양한, 용기가 나는 기운 나는, 밝은, 생기 있는, 생생한, 산뜻한, 씩씩한, 열정이 솟는 놀라운, 신기한, 끌리는, 궁금한, 호기심이 생기는, 홀린, 흥미로운 희망에 찬, 기대되는, 두근거리는, 설레는

▶ 필요 목록

스스로 하고 싶은 것	자기 결정, 선택, 자유, 자립, 사생활을 존중받을 권리
몸이 필요로 하는 것	공기, 물, 음식, 집, 휴식, 수면 신체적 접촉, 성적 표현, 자기 보호, 돌봄 자유로운 움직임, 운동, 신체적 안전, 편안함, 건강, 혼자만의 시간
사람들 사이에서 필요한 것	나눔, 협력, 도움, 지원 사랑, 소통, 관심, 우애, 친밀함, 정서적 안전 공감, 이해, 위로, 배려, 존중 감사, 인정, 신뢰 소속감, 공동체, 참여, 받아들여짐
놀고 싶은 것	재미, 즐거움, 웃음
의미를 찾고 싶은 것	능력, 이바지, 도전, 자극, 발견, 분명함 가치, 보람, 주관, 자기표현 축하, 애도 목표, 꿈, 열정 성취, 성장, 배움, 숙달, 효율 깨달음, 창의성
아름다움을 느끼고 평화를 얻고 싶은 것	성실, 온전함, 정직, 진실, 일치 아름다움, 질서, 조화, 평등 평온함, 여유, 평화

그림 이지은

한국과 영국에서 디자인과 일러스트를 공부했습니다. 2002년 코리아 디자인 어워드 'Young Designer Illustration' 부문에서 상을 받았습니다. www.tumblingfunnyl.com을 운영하며 다양한 캐릭터 인형도 만들고 있습니다. 『이 닭이 대장이야!』, 『사랑 사랑 내 사랑아』, 『선이의 이불』 등에 그림을 그렸고, 쓰고 그린 책으로는 『종이 아빠』가 있습니다.

어린이를 위한 비폭력 대화

초판 1쇄 펴낸날 2015년 9월 30일
초판 14쇄 펴낸날 2023년 5월 12일

글 김미경
그림 이지은
펴낸이 홍지연

편집 홍소연 고영완 이태화 전희선 조어진 서경민
디자인 & 아트디렉팅 정은경
디자인 권수아 박태연 박해연
마케팅 강점원 최은 신종연 김신애
경영지원 정상희 곽해림

펴낸곳 ㈜우리학교
출판등록 제313-2009-26호(2009년 1월 5일)
주소 04029 서울시 마포구 동교로12안길 8
전화 02-6012-6094
팩스 02-6012-6092
홈페이지 www.woorischool.co.kr
이메일 woorischool@naver.com

ⓒ 김미경, 2015
ISBN 979-89-94103-95-2 73180

• 책값은 뒤표지에 적혀 있습니다.
• 잘못된 책은 구입한 곳에서 바꾸어 드립니다.